青春文庫

「水中遺跡」
消えた日本史を追え！

「遺された歴史」取材班［編］

青春出版社

はじめに

遺跡と聞いて、あなたは何を思い浮かべるだろうか。畿内《きない》に多く見られる古墳、古代の集落跡や貝塚、あるいは戦国史ファンなら苔《こけ》むす石垣だけが遺《のこ》る山頂の城址《じょうし》をイメージするかもしれない。

しかし遺跡というのはなにも地上に存在するものだけを指すわけではない。四方を海に囲まれたわが日本には有史以前から近代に至るまで何らかの事情で海底に沈んだ遺跡・遺物が数多く存在する。

大地震によって一夜で別府湾から消えた日本のアトランティス・瓜生島《うりゅうじま》、蒙古《もうこ》軍の痕跡《こんせき》が今もたびたび見つかる元寇《げんこう》終焉《しゅうえん》の地・伊万里湾、明治から大正期にかけて難工事の末に東京湾に建設された三つの海上要塞……など。こうした海に限らず、琵琶湖《びわこ》や三方五湖《みかたごこ》などの湖からも従来の学説を覆《くつがえ》すような遺跡が発見されている。

本書はこうした海底や湖底に眠る古今の遺跡・遺物をバラエティー豊かに取り上げた。水中から見える日本史は新しい発見に満ちているはずだ。

二〇二二年八月

「遺された歴史」取材班

「エサンベ鼻北小島《はなきたこじま》」
……波や流氷による浸食で水没？
「旧幕府軍の開陽丸《かいようまる》」
……蝦夷《えぞ》共和国の象徴だった軍艦。
江差沖で座礁、沈没
札幌
十三湊《とさみなと》遺跡」
……中世北日本の重要港湾。
南北朝時代に津波で壊滅か
諏訪湖の曾根《そね》遺跡」
……大量の矢じりや縄文
土器を発掘
青森
波にさらわれた
越後《えちご》毒消しの里
（本文168ページ）
秋田
盛岡
「桧原湖底《ひばらこてい》遺跡」
……明治中期、磐梯山《ばんだいさん》の噴火でできた
堰止湖《せきとめこ》に桧原村が沈む
山形
仙台
新潟
福島
ナウマンゾウの化石が
発見された野尻湖
（本文84ページ）
野
前橋
宇都宮
水戸
甲府盆地を水害から
守った「信玄堤《しんげんつつみ》」
（本文154ページ）
さいたま
甲府
川崎
東京
横浜
千葉
東京湾に建設さ
れた海上要塞《ようさい》
（本文132ページ）
「熱海の海底遺跡」
……石段や石畳、石垣と
思われる古代の遺跡
を確認
小笠原諸島
日本の南東海上にあった？
幻島・中ノ鳥島《なかのとりしま》（本文112ページ）

日本の各地に眠る水中遺跡一覧

「与那国島《よなぐにじま》の海底遺跡」
……巨大なピラミッドを思わせる遺跡が海底に
那覇
「日御碕《ひのみさき》の海底遺跡」
……人工的な石段や参道を発見。古代の神殿跡か
2つのタイムカプセルが眠る三方五湖《みかたごこ》（本文90／97ページ）
戦争に翻弄《ほんろう》され続けた大久野島《おおくのしま》（本文121ページ）
縄文人の食料事情がわかる粟津《あわづ》湖底遺跡《こていいせき》（本文12ページ）
液状化で沈ん
尚江千軒遺跡《なおえせんけんいせき》（本文148ページ）
柿本人麻呂《かきのもとのひとまろ》伝説に彩られた鴨島《かもしま》（本文19ページ）
草薙剣《くさなぎのつるぎ》が水没した壇ノ浦（本文140ページ）
百年後には水没する？ホボロ島（本文127ページ）
奈良時代の僧行基《ぎょうき》が造成した久米田池（本文103ページ）
元寇《げんこう》の遺跡が眠る鷹島神崎遺跡《たかしまこうざきいせき》（本文25ページ）
松江
鳥取
金沢
福井
山口
広島
岡山
福岡
北九州
佐賀
京都
岐阜
大津
神戸
大阪
長崎
高松
堺
奈良
名古屋
大分
熊本
松山
津
高知
徳島
和歌山
鹿児島
宮崎
坂本龍馬《さかもとりょうま》のいろは丸の沈没地点（本文42ページ）
将軍家専用の木曽川の舟橋（本文162ページ）
「草戸千軒《くさどせんけん》」
……福山市の芦田川の川底から中世に栄えた港町が出現
英国の貨物船ノルマントン号の沈没地点（推定、本文61ページ）
鹿児島・坊ノ岬沖に沈む戦艦大和《やまと》（本文71ページ）
別府湾に存在した？日本のアトランティス（本文33ページ）
トルコ軍艦エルトゥールル号の沈没地点（推定、本文52ページ）
「幻の戦車が眠る浜名湖」
……太平洋戦争中、本土決戦に備
て陸軍が開発した最新鋭戦車
沈んでいるという伝承が

4

カバー写真提供：首藤光一／アフロ
本文写真提供：Adobestock
本文図版作成：ハッシィ
DTP：フジマックオフィス
制作協力：カミ通信（新明正晴）

1 「水中遺跡」が、日本史の謎を解くカギになる

琵琶湖（滋賀）の底に、世界でも珍しい湖底遺跡が眠っていた！

▼およそ四十万年前に現在の位置に定まる

「近畿《きんき》の水瓶《みずがめ》」とも称される滋賀県の琵琶湖《びわこ》は、ご存じのように日本一大きな湖である。南北の長さ約六十キロメートル、東西の最大幅約二十キロメートル。その面積は約六百七十平方キロメートル。これは滋賀県の六分の一を占め、東京都の二十三区を合わせた広さ（約六百二十七平方キロメートル）をも上回る広大さだ。

琵琶湖の誕生は古く、ざっと四百万年前まで遡《さかのぼ》るという。日本列島がまだ大陸と一体化していたころである。この時代の琵琶湖は三重県西部に位置する上野盆地のあたりにあったとされ、その後、活発な地殻《ちかく》変動の影響で少しずつ形を変えながら北へ北へと移動し、現在の場所に落ち着いたのは約四十万年前のことだという。世界中を見回しても、琵琶湖のように十万年を超える湖は二十例ほどしかなく、その意味では琵琶湖は世界でも稀《まれ》な古代湖の一つなのである。

そんな琵琶湖の水底《みなそこ》には、北から南まで、百カ所あまりの遺跡が現在までに見つかっていることをご存じだろうか。本稿ではその中から、琵琶湖の南端にあり、世界最大級の淡水貝塚と称される「粟津《あわづ》湖底遺跡」を取り上げてみた。

同遺跡の発掘調査から、これまで曖昧《あいまい》だった縄文人たちの食料事情が手にとるようにわかったという。それは一体どんな理由によるものなのか——。粟津湖底遺跡だけが持つ特殊性にスポットを当てた。

▼湖底を露出させてから発掘調査を

まず、粟津湖底遺跡のある場所だが、琵琶湖南端の瀬田川への流出口に近い粟津沖に存在する。歴史好きであれば近江国《おうみ》（滋賀県）の粟津と聞いて、平家追討《ついとう》で名をあげた源《みなもとの》（木曽）義仲《よしなか》が、源頼朝《よりとも》が派遣した東国諸将と戦って討ち死にした「粟津の戦い」を想起する人も多いことだろう。その粟津である。

粟津沖の水面から二～三メートルの湖底に縄文時代の遺跡——貝塚が存在することを初めて発表したのは昭和二十七年（一九五二年）、地理学者で当時は京都大学の教授だった藤岡謙二郎氏である。ところが、水中にあるためその後長く本格的調査は行われなかった。

それから四十年近い歳月が流れた平成二年（一九九〇年）になり、琵琶湖開発事業の一環で航路を確保するための浚渫《しゅんせつ》工事（水底の土砂を浚《さら》うこと）が計画され、それに伴《ともな》い、滋賀県文化財保護協会などによってようやく発掘調査が実施されることになった。その調査とは、該当するエリアを鋼板《こうはん》で二重に囲ったうえで、中の湖水をポンプで抜いて湖底を露出させてから行うという大がかりなものだった。

このときの調査は、東西に三つ並んだ対象エリアのうち、もっとも東にある「第三貝塚」を中心に行われた。

第三貝塚は三つの中では最小で、本格的調査に入る直前、予備的に行った潜水試《し》掘《くつ》調査で見つかったものだった。その規模は南北に三十五メートル、東西に十五メートル（最大部分）と三日月形をしているのが特徴だった。

▼貝層と植物層が交互に堆積

この第三貝塚の発掘調査はほぼ一年間にわたって続けられた。その結果、貝層の主体をなすのはセタシジミ（琵琶湖の固有種）の殻であることがわかった。それも、当時の琵琶湖の栄養状態を物語るように、いずれも今日のアサリ貝ほどもある大きさだった。

また、貝殻の断面には木の年輪のような成長線が入っており、それを調べると、このあたりの縄文人たちは琵琶湖の水温がぬるむ夏から秋にかけてシジミを採取して食べていたことがわかったという。

この貝層には魚骨《ぎょこつ》（フナ、コイ、ナマズなど）や獣骨《じゅうこつ》（シカやイノシシなど）も含まれ、さらに貝層とは別の植物層からはドングリやクリ、トチ、ヒシなど堅果類《けんかるい》の皮や殻が大量に出土した。これらは年代測定にかけられ、およそ一万年前から五千年前までの縄文時代早期から中期にかけてのものであることが判明した。

さらにこの第三貝塚が特徴的だったのは、貝層と植物層が交互に堆積《たいせき》していたことだった。植物層がきれいに残った貝塚というのは、陸上で発見されたそれまでの貝塚には見られないものであった。

陸上にある通常の貝塚の場合、植物質の遺物は土壌中の微生物によって分解されて残らないからだ。その点、淡水の中であればそうした微生物が存在せず、まるで真空パックされたかのように悠久《ゆうきゅう》の時を乗り切ることができたわけである。

▼トチの実は縄文人の主食？

湖底遺跡という特殊性から、当時のこのあたりの縄文人たちが何を食べていたかを詳しく把握《はあく》することができたのは大きな収穫だった。のちに研究者が、第三貝塚の規模から食材ごとのカロリーを計算し、その割合を発表している。

カロリー比率が高い順に紹介すると、堅果類（五二・四パーセント）、魚類（二〇・〇パーセント）、貝類（一六・七パーセント）、獣類（一〇・九パーセント）という内訳。魚類や貝類が目立つのは、水産資源に恵まれた琵琶湖という環境を反映したものであって、これが別の内陸にある貝塚であればもっと魚類や貝類の比率が下がり、かわって獣類の比率が高まるはずだという。

それはともかく、堅果類の中ではトチの実の比率が際立っていた。なんと総カロリーの約三九パーセントを占め、魚類と貝類を合わせたよりも多くのカロリーをト

▲琵琶湖南方の粟津湖底遺跡は、世界最大級の淡水貝塚とされる

チの実から得ていたことがわかったのだ。

でんぷん質が豊富なトチの実だが、サポニンなどの毒性物質を含み、そのまま食べると渋みや苦味で舌がピリピリしてしまい、下痢《げり》症状を引き起こす恐れもある。それを防ぐには面倒なアク抜き工程を経る必要があるという。

従来、学界ではトチの実の常食が始まったのは西日本では縄文後期からと推定されていたのだが、この粟津湖底遺跡から大量にトチの実の種皮が出土したことで、縄文中期以前にすでにアク抜きの加工法が確立し、常食されていたことがわかった。これにより、縄文時代の「定説」が一つ塗り替えられたわけである。

◇

研究者によると、この粟津の貝塚が形成された縄文時代、周囲は陸地だったという。ところが次第に琵琶湖の水位が上昇して水没した、あるいは地盤沈下によって水没したという二つの説が有力視されており、湖底に沈んだ原因ははっきりしていない。この粟津湖底遺跡の中心部分とも言うべき第一・第二の貝塚はいまだ本格的な調査が行われていないだけに、それらを調査することで水没した原因などが解き明かされる可能性もある。

歌聖・柿本人麻呂伝説に彩られた石見の鴨島（島根）の全貌

▼生没年を含め、出自、経歴も一切が謎

万葉歌人を代表する人物とされ、『万葉集』にその作品が長歌十九首、短歌七十五首も掲載されているばかりか、後世には「歌聖《かせい》」とまで称えられた柿本人麻呂《かきのもとのひとまろ》。七世紀後半~八世紀初めを生きた人物と言われているが、残された歌以外のことはほとんどわかっていない、謎の歌人なのである。

生没年を含め、出自、経歴も一切が未詳。ときの天皇の皇子《みこ》の死に際しての挽歌や天皇の行幸《みゆき》に付き随《したが》った際に作ったと思われる歌が目立つことから、歌をもって宮廷に仕《つか》えた、いわゆる宮廷歌人であったとされているが、当時の公式記録に名前

がまったく登場しないため、身分（官位）はごく低かったと見られている。

そんな人麻呂は晩年、石見国《いわみ》（島根県西部）に赴任を命じられ（流罪説もある）、のちに現在の益田市の沖合にあったとされる小島「鴨島《かもしま》」で亡くなったという。この鴨島は土地の伝承によると一一世紀前半の大地震で海中に没したとされているため、人麻呂が亡くなっておよそ三百年後に消滅したことになる。

本稿では、柿本人麻呂伝説も絡んでくるこの鴨島が益田市沖に一一世紀まで本当に存在したのかを調べてみた。

▼人麻呂を祀る神社まで存在した

人麻呂が石見国の鴨山で臨終を迎えた際、詠《よ》んだ歌が残されている。
鴨山の　岩根し枕《ま》ける　われをかも　知らにと妹《いも》が　待ちつつあらむ
意味は、鴨山の岩根を枕にして死のうとしているわたしを、それとは知らずに妻は帰りを待っていることであろうか——といったものだ。この鴨山が鴨島のことだとされている。
鴨島が存在したとされる場所だが、土地の伝承によると益田市の高津川《たかつがわ》の河口から約一キロメートル沖合で、東西約二キロメートル、南北約三百メートルの横長の島だった。完全な島ではなく、本土とは砂洲《さす》でつながった陸繋島《りくけいとう》であったらしい。

鴨島は内と外に一つずつ良港をもち、日本海を行き来する大きな廻漕船《かいそうせん》がひっきりなしに寄港した。それゆえ島内には数百軒の家屋が立ち並び、二つの寺院（千福寺、万福寺）のほかに柿本人麻呂を祀《まつ》る人麻呂神社とその別当寺《べっとうじ》（神社に付属して置かれた寺院をさす）の人麻呂寺、さらに花街《かがい》まであったという。

島内に鴨山と呼ばれた高台があり、人麻呂はそこで没したと言い伝えられ、神社と別当寺は、のちに聖武《しょうむ》天皇（在位七二四〜七四九年）の勅命《ちょくめい》によりその高台に建立《こんりゅう》されたものだった。

▼死者・行方不明者は軽く千人を超える

このように廻漕船の寄港地として繁栄を続けた鴨島だったが、平安中期となり突然の悲劇に見舞われてしまう。それこそ万寿《まんじゅ》三年（一〇二六年）五月二十三日、石見国の日本海沖で起きた「万寿地震」だった。

地震によって発生した大津波が、益田や高津川の沿岸を襲った。大津波は村々を次々と飲み込んでいき、高津川を逆流して河口から約十六キロメートル先にあった村にまで到達した。この地震と津波による死者・行方不明者は軽く千人を超えたと言い伝えられていた。

もちろん、高津川の河口付近にあった鴨島はタダでは済まなかった。もともと地盤が脆弱《ぜいじゃく》だった島はこの地震によってそっくり海中に陥没し、さらに津波が島民も家屋も何もかも四方へ押し流してしまった。

人麻呂神社に安置されていた人麻呂の御神体も流され、対岸（本土側）に流れ着いたところを地元の村人に発見され、のちに神社を再建して御神体が祀られた。そのときの神社が現在、益田市高津町にある柿本神社の起源とされている。

また、このときの地震で鴨島の東に存在したとされる二つの島（鍋島と柏島）も鴨島同様、海中に没したという。

▼現地学術調査に乗り出す

残念なことは、前段の万寿地震の被害についてはあくまでも土地の言い伝えに過ぎず、地震のことに触れた当時の史料が一切見つかっていない点だ。万寿地震に関する文献でもっとも古いとされているのが、地震から四百年以上もたった室町時代中期、一四四八〜五〇年ごろに書かれた『正徹物語《しょうてつものがたり》』である。

京都・東福寺にいた正徹という歌僧が、「一面海となって人麻呂の木像が流され、行き着いたところに堂を建立した」と書き留めていた。しかしその記述には、年代はおろか、はっきりと地震による被害であるとは書かれていなかった。

このように万寿地震の詳細や鴨島伝説に関しての信頼に足る史料が見つかっていないことから、歴史家の間では長らく地震も島の水没も実際にはなかったのではないか、と考える向きが少なくなかった。

昭和五十年代になり、こうした万寿地震や鴨島伝説の真偽について、現地学術調査という形でその謎に挑む研究者が現れる。当時、著名な哲学者の一人で、著作『水底《みなそこ》の歌　柿本人麿論』でも知られた梅原猛《うめはらたけし》であった。

昭和五十二年（一九七七年）、梅原の呼びかけで大学の研究者などからなる調査チームが結成され、高津川の河口沖が徹底的に調べられた。梅原は、河口沖一キロメートルほどの地点に、昔から「大瀬」と呼ばれる水深四〜五メートルの浅瀬が広がっていることを聞いていて、そこを中心に調べるようチームに要請したという。

▼実際の津波は伝承よりも小規模

このときの潜水調査で、大瀬は東西約四百メートル、南北約六百メートルの海蝕《かいしょく》台状の高まりであることがわかり、過去の一時期、島ないしは半島であったことをうかがわせたが、それは確実な証拠とまで言えるものではなかった。

さらに、平成五年（一九九三年）、地球物理学者の松井孝典《まついたかふみ》を団長、同じく地球物理学者の竹内均《たけうちひとし》を副団長とする調査チームが結成され、翌平成六年から海底では最新の超音波探査が、陸上では津波堆積物《たいせきぶつ》のトレンチ調査（地層を露出させて行われる年代などの調査）が実施された。

その結果、調査チームは、万寿地震とそれに伴う津波は確かに起こっており、土地の伝承が正しかったことを認めた。ただし、津波堆積物が発見された範囲は伝承よりもかなり狭く、海岸線から二キロメートル程度遡上《そじょう》したに過ぎないことがわかった。また、このときの調査では鴨島跡を特定するまでに至らなかったことも認めた。

鴨島は一一世紀前半まで本当に存在したのか。この謎が解明されるとき、柿本人麻呂にまつわる多くの謎もまた解明されるに違いない。

元寇との激しい戦闘をいまに伝える鷹島（長崎）の水中遺跡

▼ざっと四千点もの元寇の遺物を発見

九州北西部、伊万里焼《いまりやき》で知られる伊万里湾口に、まるで玄界灘《げんかいなだ》からのよそ者の侵入を拒《こば》むかのように、カタカナの「ト」の字の形をした鷹島《たかしま》という名の小島が横たわっている。広さは東西約五キロメートル、南北約十三キロメートル。所属は長崎県松浦市である。人口約二千五百人（平成十七年現在）。

同島は、日本初にして唯一の海水淡水化ダム「鷹島ダム」があることで、ダム愛好家に知られた存在。元来、この島が本土に比べて雨が少なく、河川も少ないところから考案された画期的な灌漑《かんがい》・農業用ダムである。

その仕組みは、まず海岸の入江を締め切って流入水をため、ダム湖面を海面より高くし、比重差を利用して淡水化を図る。その後、低層の塩分を多く含んだ水は海へ放流し、上層の淡水に近い水を島内の農業に利用するという方式である。平成六年（一九九四年）に完成した。

もうひとつ同島が有名なのは、この島が「元寇終焉《げんこうしゅうえん》の地」と言われているからだ。元寇とは言うまでもなく、鎌倉時代に起こった蒙古襲来《もうこしゅうらい》のことで、鎌倉幕府瓦解《がかい》の遠因となった大事件である。

昭和五十五年（一九八〇年）から始まった元寇の遺物を探す調査ではこれまでにざっと四千点もの品々が島沿岸の海底から発見されている。本稿では、そうした鷹島の水中遺跡に関する最新情報について語ってみたい。

▼中国全土を征服するための前哨戦として

元軍の日本襲来は、鎌倉時代に「文永《ぶんえい》の役《えき》」（一二七四年）、「弘安《こうあん》の役」（一二八一年）と二度あったことはご存じのとおり。

モンゴル帝国の創設者チンギス・ハーンの孫にあたるフビライが中国北部を征服

して「元《げん》」を建国、残った中国南部を支配する「南宋《なんそう》」を攻略するため、その手始めとして当時は南宋と友好関係を結んでいた日本を征服しようと考えたのが、そもそもの日本遠征の発端《ほったん》だと言われている。

文永の役では、元軍は約九百隻《せき》の軍船を仕立て総勢四万人で襲来した。まず対馬《つしま》を襲い、ついで壱岐《いき》を荒らし、その勢いのまま伊万里湾や博多湾に上陸して迎え撃つ鎌倉武士たちと壮絶な戦闘を繰り広げた。

七年後の弘安の役では、元は軍船四千四百隻、総兵力十四万人という大軍を動員し、二手に分かれて北部九州を襲う計画だった。まず、朝鮮半島から進撃してきた東路軍四万が博多湾に上陸を試みる。

ところが、今度は準備は万全だった日本軍の必死の抵抗に遭い、仕方なく一時撤退することに。東路軍は平戸沖まで退《ひ》き、そこで中国の江南方面からやって来た江南軍十万と合流、再度博多湾を目指すことになった。

その途中、天候が急変して雨が降り出し風も出てきたため大半の軍船が通りかかった伊万里湾内にいったん避難する。湾口には蓋をするように鷹島が横たわっており、そこなら外洋の荒波を避けられると踏んだのだ。これが大誤算だった。

▼粗製乱造だった元の軍船

元軍の大小の軍船が狭い湾内に集中したものだから、いざ波風が強まると船同士が押し合いへし合いしたり暗礁《あんしょう》に乗り上げたりして破損し、兵士たちを乗せたまま次々と海中へ消えていった。

どうやらこのときの天候異変は、後世よく言われたような凄まじい暴風雨ではなかったらしい。そのことは近年の研究者の多くが指摘している。それでも元軍が壊滅的な打撃を被《こうむ》ったのは、フビライが日本攻略を急《せ》かせたばかりに軍船のほとんどが粗製乱造の急拵《きゅうごしら》えだったからだ。ゆえに普通なら余裕で耐えられる風や波にも耐えきれず、あっさり海の藻屑《もくず》となり果てたのである。

なんとか溺死《できし》をのがれ、命からがら湾岸や鷹島に上陸した元の兵士たちも多くいたが、待ち構えていた日本軍によって悉《ことごと》く討ち取られ、湾内を血で染めたという。

この弘安の役での損害について『高麗史《こうらいし》』は、生存者数一万九千四百人余り、上級軍人を含まない一般兵士の実に九割近くが死亡したと伝えている。まさに、日本側の圧勝だった。世界史上でも最大規模の海難事件であった。のちの日本人が、このときの勝因について「神風が吹いたから」と考えてしまったのも無理はなかった。

ちなみに、元寇最後の激戦地と言われる鷹島だが、文永の役の際、元軍によって島民のほぼすべてが虐殺《ぎゃくさつ》されており、弘安の役のときには無人島状態だったと考えられている。

▼元軍の将校が用いた青銅印が見つかる

前述したように伊万里湾の内海《うちうみ》は湾口に鷹島が横たわっている関係で、普段はとても穏《おだ》やかだ。今日でも、台風が急接近したりすると大型の貨物船などが波風を避けるため湾内に進入してくることが珍しくないという。したがって弘安の役の際、湾内に一時避難しようとした元軍の判断はけっして間違いではなかった。ただ、自分たちが乗る船の造りを過信したばかりに惨敗を喫するはめに陥ったのである。

伊万里湾が元寇における激戦地だったことを物語るように、古くから、特に鷹島の南岸で元軍由来の遺物（壺《つぼ》類や刀剣、碇石《いかりいし》＝石製のいかり＝など）が地元住民によって引き揚げられてきた。

そうした遺物の中で特に珍しいのは、昭和四十九年（一九七四年）に鷹島南岸の神崎《こうざき》港の海岸で地元住民がアサリ採りの最中に見つけた「管軍総把印《かんぐんそうはいん》」（長崎県指定有形文化財）と呼ばれる青銅《せいどう》製の印鑑だ。六・五センチ四方の印面には当時の元の公用語である八思巴《パスパ》文字が刻まれていて、のちに総把——現在の中隊長程度の将校が使用した印鑑であることがわかった。

この青銅印が世に出て世間を騒がせたのは発見から七年後の昭和五十六年のことだった。発見者である住民が、大して重要な物とは思わず、自宅の納屋の道具箱に放り込んで、長くそのことを忘れていたからである。

▼元の軍船の船底がそっくり出土する

青銅印が世に出る前年、つまり昭和五十五年から三年間、この鷹島南岸を主対象に初めて本格的な遺跡調査が行われ、前述したような元寇の遺物が多数発見されている。さらに、その後も神崎港の港湾施設の改修工事などに伴い何度も学術調査が繰り返されている。

平成十三年（二〇〇一年）には、教科書でおなじみの絵巻物「蒙古襲来絵詞《えことば》」にも登場する、球形の炸裂弾《さくれつだん》「てつはう」が出土。それも未使用の状態で発見されたことで、詰め物（火薬のほか鉄や陶器の破片）を特定でき、かなりの殺傷力があることが証明された。

また、平成二十三年（二〇一一年）には、第一回からおよそ三十年間にわたって断続的に続けられてきた遺跡調査において最大の発見があり、マスコミから大きな注目を浴びることに。それは、琉球大学チームが鷹島南岸の沖合二百メートル、水深二十〜二十五メートルの海底を一メートルほど掘り下げた所から発見した、ほぼ原形をとどめた元の軍船だった。

従来の調査では船体の一部は見つかっていたものの、このときのように動物にとっての背骨、あるいは家屋にとっての大黒柱に相当する竜骨《りゅうこつ》とその左右の外板がそっくり残った船底が発見されたのは初めてだった。土の中に眠っていた期間が長かったことで腐敗が抑えられたのであろうと推定された。

▼鷹島が日本の水中考古学調査の拠点に

このときの船底の出土は、当時の造船技術を知るうえでまたとない史料となった。そして、その船底の大きさから推《お》して全長二十五〜二十七メートル程度の大型船だったことがわかった。これは日本の江戸時代に活躍した大型荷船の千石船と遜色《そんしょく》ない大きさだったことになる。

翌平成二十四年には前年の船底発見を含むこれまでの研究の成果が認められ、神崎港沖海域約三十八万平方メートルは「鷹島神崎遺跡」として水中遺跡では初の国の史跡に指定された。

さらに、その二年後の平成二十六年（二〇一四年）には鷹島神崎遺跡に隣接する海域の水深約十五メートルの海底で、二隻目の沈没船が確認されるなど、近年も新たな発見が相次いでいる。松浦市の関係者は「鷹島が日本の水中考古学調査の拠点になれば」と期待を寄せている。

豊臣秀吉の時代、一夜で消えた瓜生島（大分）の謎と伝説

▼豊後国随一の貿易港として繁栄を築く

アトランティス――ギリシャの偉大な哲学者、プラトンが自らの著書の中で、「かつて大西洋に存在し、高度な文明を誇っていたが、洪水によって一夜にして海中に没した……」と紹介した古代大陸のことである。

知名度ではこのアトランティスに遠く及ばないが、実はこの日本にも、海底地震とそれに伴う大津波によって一夜にして海中に消えた島があったという。その島とは、大分・別府湾に安土桃山時代まで存在していたとされる「瓜生島《うりゅうじま》」のことだ。

伝説によれば、島は室町時代、豊後《ぶんご》国（大分県）随一の貿易港として全国各地か

らの商船のほか南蛮《なんばん》船までもが出入りして大いに賑《にぎ》わった。それが、太閤《たいこう》・豊臣秀《とよとみひで》吉《よし》の時代に発生した大地震（「慶長《けいちょう》豊後地震」）によって、島は一晩で跡形もなく海中に沈んでしまったという。

島が一夜にして沈没するという、にわかに信じられない出来事は本当にあったことだろうか。本稿では日本のアトランティス、瓜生島の実像を調査し、沈没伝説の真偽《しんぎ》に迫った。

▼大友宗麟が島を国際貿易港として繁栄に導く

大分県には瓜生島に関する伝説が脈々と地元の人々に受け継がれている。言い伝えによれば、かつて別府湾（豊後湾）内には最も大きい瓜生島をはじめ、大小二つの久光島《ひさみつじま》、東住吉島、松島などの島々が点在していたという。

瓜生島は府内《ふない》――現在の大分市の海岸線から四百～五百メートル沖にあり、東西約四キロメートル、南北約二キロメートルの横長の島だった。周長は約十二キロメートル。この中に十二カ村・五千人もの人々が暮らしていたという。

戦国時代の後期、豊後国を治めていた大友宗麟《おおともそうりん》が島全体を国際貿易港として保護したあたりが繁栄のピークと見られているが、そのピークは長続きしなかった。

文禄《ぶんろく》五年（一五九六年）というから、天下人の豊臣秀吉が没する二年前のことだ。その年の閏《うるう》七月十二日午後二時ごろ、島は突然、地震による激しい揺れに見舞われる。しかも、その地震に誘発されたものか周囲の山々（高崎山や由布岳《ゆふだけ》など）が一斉に火を噴き、空から噴石《ふんせき》をドカドカと降らせたから堪らない。

島民は生きた心地もせず、ひたすら地震と噴石に耐えていたが、さいわいにもそれらは一刻《いっとき》（二時間）もせず収まったため、ほっと胸をなでおろし、家の壊れた箇所を修繕したり夕食の準備にとりかかったりした。しかし彼らは、束《つか》の間の平穏は次の更なる災厄《さいやく》の序章でしかなかったことにすぐに気づかされることになる。

▼日本全国で大地震が頻発する

再度、島全体が大鳴動《めいどう》し地盤が徐々に沈下をはじめたかと思うと、次の瞬間、周囲の海面が山のように盛り上がり、島の四方八方から襲いかかった。この大津波は深夜にわたって繰り返し何度も襲来し、島民や家畜、家屋を飲み込んだ。

こうして瓜生島は海中に沈没し、最初の地震が起こった際、島から逃れた人々を除いた大多数の島民が水死した。一説に、このときの被災者（死者）は瓜生島と府内の城下町を合わせて七百人を超えたと言われている。震源地は別府湾南東部で、マグニチュード（地震の規模）は七・〇程度と推定されている。

こうした島が沈没した経緯《いきさつ》は江戸時代前期の豊後国の郷土史家、戸倉貞則《とくらさだのり》が著《あらわ》した地誌『豊府聞書《ほうふききがき》』が基《もと》になっている。

今日、瓜生島の存在ははっきりと証明されていないものの、この慶長豊後地震が起こったことは紛《まぎ》れもない事実である。この年は全国各地で大地震が頻発《ひんぱつ》しており、豊後地震の三日前には現在の愛媛県で「慶長伊予地震」が、さらに豊後地震の翌日には京都市伏見区周辺で「慶長伏見地震」が発生している。

これら三つの大地震は、関東から九州にかけて延びる長大な断層・中央構造線上で起こっていたことは注目に値するだろう。こうした相次ぐ地震の災厄から逃れるためにその年の十月下旬、それまでの文禄から慶長に改元されたという経緯がある。

▼瓜生島の元の名は沖ノ浜？

さて以下では、瓜生島が別府湾内に確かに存在し、そしてその瓜生島が本当に大地震によって一夜で消えてしまったのか、という主題について考えてみたい。

文献上、瓜生島の名の初出《しょしゅつ》は、先述した『豊府聞書』で、それ以前には登場しない。この本は元禄《げんろく》十二年（一六九九年）に脱稿《だっこう》したとされていることから、瓜生島の名は島が沈んで百年以上たってから初めて文献に登場したわけである。

沈没以前は府内の海岸線に「沖ノ浜」と呼ばれる大きな港町があったことは様々な史料によって明らかで、研究者の見解では地名など状況証拠から推《お》してその沖ノ浜こそが瓜生島のことで間違いないという。ところが、沖ノ浜が瓜生島であるなら、島でなければいけないのだが、そのことを記録した史料は見つかっていない。また、戸倉貞則がなぜ『豊府聞書』の中で沖ノ浜を瓜生島と変えたのかもわかっていない。

慶長豊後地震の惨状《さんじょう》を伝えた第一級の史料に、当時来日していたイエズス会宣教師のルイス・フロイスが著した『日本年報』というのがある。

この中には、府内の中心部から四キロメートルほど離れた海岸に、太閤秀吉の船で賑わう沖ノ浜という港町があったこと、さらに当時府内に住んでいて被災した日本人キリシタンから直接聞いた、沖ノ浜が津波によって壊滅した話などが記録されているのだが、沖ノ浜が島であったとはフロイスは一言も書いていない。

▼島が沈没したという言い伝えが既成事実に

確かに、日本各地や海外からも多くの船がやって来る港が、もしも島であったなら、積み荷を小舟に移し替えて府内まで運ばねばならず、それはかなり面倒だ。したがって、沖ノ浜は陸続きだったと考えたほうが理に適《かな》っている。その仮説を補強するのが、この時代、日本を国情視察で訪れた明《みん》（中国）の鄭舜功《ていしゅんこう》という人物の記録だ。

それには「沖ノ浜に入港し、馬に鞭《むち》打って陸地伝いに約四キロメートル進み、府内の城で豊後の君（大友宗麟のこと）に見《まみ》えた」といった意味のことが書かれていた。「陸地伝い」とある以上、沖ノ浜が島ではなかった何よりの証拠になるだろう。

おそらくは『豊府聞書』の作者・戸倉貞則は、土地の古老から聞き取り調査を行った際、別府湾に瓜生島という島が浮かんでいて、その島が豊後地震でそっくり沈没したという誤伝を聞かされ、それを信じ込んでしまったに違いない。土地の古老も、なにしろ百年も前のことであり、父祖から聞かされた話があまりにも衝撃的だっただけに、思わず話を盛って、島が沈没したと戸倉に語ってしまったのだろう。

この『豊府聞書』によって瓜生島伝説はいつしか既成事実となった。幕末となり、当時別府にいた舜堂仙玉《しゅんどうせんぎょく》という僧侶が地元の伝説について書き記した『豊陽古事談《ほうようこじだん》』（一八五七年）という本を出したが、その中には瓜生島が別府湾を埋め尽くすほどの大きさで描かれた古地図が掲載されていた。むろん舜堂は土地の言い伝えを頼りにこの地図を作成したのであろうが、これにより、いよいよ瓜生島は別府湾に「実在した島」として人々に認識されることになったのである。

▼液状化と津波のダブルパンチ

かつて沖ノ浜と呼ばれた瓜生島が、陸とつながっていたことはおそらく間違いないだろう。このことは昭和五十年代に入って実施された、別府湾の海底の地質調査によっても裏付けられる形となった。

その調査では、別府湾にそそぐ大分川の河口から少し離れた沖合の斜面に大規模な地すべり跡が確認されたという。そこから、豊後地震の前まで河口付近に形成されていた広大な砂洲《さす》が地震によって液状化を起こし、大津波の影響もあって海中に崩れていった証拠に違いない、と一部の研究者が仮説を立てたのである。

つまり、地震前まで大分川の河口付近に存在した、府内と陸続きの砂洲こそが沖ノ浜――瓜生島の正体ではないか、というのである。確かにこの説なら、一夜にして島が消えてしまったのも納得がいくというものだ。

しかしこの液状化説、大方の研究者が認めているわけではない。一番の問題は、そんな地盤の脆《もろ》い砂洲で数千人もの人々が長く暮らせるとはとても思えない、というのである。まさに、正鵠《せいこく》を得た見解だ。

はたして別府湾に君臨した巨大な島だったのか、それとも砂洲によってできた陸繋島《りくけいとう》に過ぎなかったのか――。歴史ファンなら誰しも、この謎とロマンを秘めた瓜生島伝説の終着点を見極めたいに違いない。

2

海底に沈む船には、歴史の痕跡が封印されている

瀬戸内海に沈んだ坂本龍馬の「いろは丸」に今も遺る幕末日本の記憶

▼龍馬が闇に葬った衝突事故の真相とは

「亀山社中《かめやましゃちゅう》」――幕末、土佐藩脱藩浪士・坂本龍馬《さかもとりょうま》が中心になって結成した、日本初の貿易商社だ。この亀山社中を龍馬が発展的に解散、新たな組織として生まれ変わらせたのが、ご存じ「海援隊《かいえんたい》」である。海援隊がユニークなのは、私設海軍と貿易商社の機能を併《あわ》せ持ち、さらに航海術や政治学、語学を学ぶ学校でもあったという点だ。

隊名の由来は、「海から土佐藩を援護する」という意味からきているらしい。元号が明治と変わる慶応四年（一八六八年）閏《うるう》四月に解散したため、その活動期間はわずか一年余りだったが、維新後に新生日本の発展に尽力した陸奥宗光《むつむねみつ》（陽之助、外務大臣）、中島信行《なかじまのぶゆき》（作太郎、初代衆議院議長）、岩崎弥太郎《いわさきやたろう》（三菱財閥の創業者）ら多くの人材を輩出《はいしゅつ》していた。

この海援隊の活動を語るうえで、けっして外せない一隻《せき》の船がある。蒸気船「いろは丸」だ。龍馬ら海援隊が操船し瀬戸内海を航行中に紀州藩の軍艦・明光丸《めいこうまる》と衝突事故を起こして海中に沈んでしまい、その事故が原因で龍馬が紀州藩から多額の賠償金《ばいしょうきん》をせしめたことで有名な、あのいろは丸である。

本稿では、事故直後から一部の関係者の間で囁《ささや》かれていた、龍馬が闇に葬《ほうむ》ったとされる衝突事故の真相と、平成に入ってから数回実施された沈没船の海中探索の様子も併せて語ってみたい。

▼ぶつかった相手は徳川御三家の持ち船

まず、いろは丸が沈没するまでの経過をざっとさらっておこう。

いろは丸は一八六〇年代に英国で建造された小型蒸気船。建造当時の船名は「アビソ号」。全長約五十四メートル、百六十トンで、四十五馬力（六十五馬力説も）

の蒸気機関を搭載していたが、三本マストによる帆走《はんそう》が主力だった。

慶応二年（一八六六年）、伊予国（愛媛県）大洲藩《おおずはん》が、龍馬と、薩摩の五代才助《ごだいさいすけ》（友厚《ともあつ》）両人の仲介でこのアビソ号をオランダ人商人から購入する。このとき船名をいろは丸と改めている。その翌年の慶応三年三月、海運業務のために使いたいと海援隊から申し出があり、大洲藩は一航海十五日につき五百両の使用契約を交わす。

同年四月十九日、様々な物資を積み込んだいろは丸は長崎を出港して大坂に向かった。このとき操船を担当する龍馬ら海援隊隊士を中心に三十数名が乗船していたという。その四日後の四月二十三日（新暦で五月二十六日）深夜十一時ごろ、瀬戸内海を航行していたいろは丸が現在の岡山県笠岡市の笠岡諸島最南端にある六島《むしま》付近を通過中に、右前方から進んできた大型船と衝突事故を起こしてしまう。

相手の船は、徳川御三家の紀州藩（現在の和歌山県と三重県南部）が所有する明光丸で、長崎に向かう途中だった。いろは丸同様英国で建造された蒸気船だったが、こちらは全長約七十六メートル、八百八十七トンと大型だった。彼我《ひが》の差は明らかで、龍馬らの目にはまるで黒い小山が迫ってくるかのように映ったに違いない。

▼いろは丸は二度衝突した

衝突する直前、両船共に互いの船を確認すると、ただちに回避行動に移っている。いろは丸側は取舵《とりかじ》、つまり左に舵を切った。これで一安心と思った矢先、どうしたことか明光丸側が面舵《おもかじ》（右舵）を取ったため、両船は同じ北方向を向くことになり、明光丸の船首部分がいろは丸の右舷《うげん》に激突。いろは丸にとって悪いことは続き、いったん後退した明光丸が操船を誤り、再び前進していろは丸にぶつかってきたのだ。

この二度の衝突によっていろは丸は大破し自力航行ができなくなった。そこで仕方なく龍馬らいろは丸側の乗組員は明光丸に乗り移り、明光丸にいろは丸を曳航《えいこう》させて鞆《とも》の浦《うら》（広島県福山市）に緊急避難することになった。ところが、その途中にいろは丸の船体にどんどん海水が流れ込み、宇治島付近でついに沈没してしまった。二十四日の明け方近くの出来事だという。

その後、鞆の浦に入った龍馬は、明光丸の船長・高柳《たかやなぎ》致知《むねとも》や、たまたま同船していた紀州藩の勘定奉行・茂田《しげた》一次郎《かずじろう》らにさっそく会談を申し入れている。むろん、事後処理について話し合うためである。

▼賠償金総額八万三千両を要求

会談の席で龍馬は開口一番、茂田らにこう斬り込んだ。

「万国公法によれば、非は明らかに明光丸側にある。しかも、二度も船体をぶつけてくるなど言語道断の所業である。どうしても納得できないのなら、世界中の航海者が集まる長崎にて理非曲直を決したいと思うが、いかに」

これには高柳らは思わず絶句してしまった。当時、欧米で普及していた近代国際法――すなわち「万国公法」のことはまだほとんどの日本人はその存在すら知らなかったからだ。茂田らが黙っていると、龍馬はさらにこう畳みかけた。

「いろは丸を大洲藩がオランダ人商人から購入したときの金額が約三万五千六百両。さらに船内には山内容堂《やまうちようどう》公（土佐藩主）より依頼されて運搬していたミニエー銃四百丁を含む銃火器や金塊《きんかい》も積んであった。それらの分の賠償金も合わせれば総額八万三千両をもらわなければ、こちらは納得しない」

金額の莫大さに色を失った茂田らは、「自分たちでとても決断できることではない。すべては藩命に従うのみ」の一点張り。こうしてその日は物別れに終わった。

その後も会談は数日間続けられたが、結局、決裂した。茂田らは「公用があるので急がなくてはならない」と逃げるようにして明光丸で長崎に向かった。龍馬はその後を追うため、鞆の浦港に停泊中だった長州藩の船に飛び乗ったという。

▼自作の俗謡で紀州藩を追い詰める

北辰一刀流「千葉道場」（桶町《おけちょう》千葉）で剣術を学び、数多《あまた》の無頼《ぶらい》の徒《と》とも交わってきた龍馬にとって、茂田ら筋目正しい雄藩の高級役人を頭ごなしに押さえ付けて畏縮《いしゅく》させるくらい、造作もなかったことだろう。まさに龍馬は駆け引きの天才だった。そうでなければ、仲違《なかたが》いしていた薩摩と長州を結び付けるという誰も想像さえしなかった難事（薩長同盟）を、どうして成し得たであろうか。

それはともかく、茂田らを追って長崎に入った龍馬は、何度も彼らに面会を申し込むのだが、何かと理由をつけて会ってはもらえなかったという。そこで、とった行動がいかにも龍馬らしかった。世論を味方につけることを考えた龍馬は、「♪船を沈めたその償《つぐな》いは金を取らずに国を取る……」という俗謡をつくり、花街《かがい》丸山ではやらせたという。

体面を汚《けが》されることが武士としての最大の恥辱、という時代だけに、これにはさすがの雄藩の勘定奉行も参ってしまった。いや、雄藩だからこそ人一倍体面を気にしたのである。衝突事故から約一カ月後、紀州藩はついに折れ、龍馬の言い値八万三千両を賠償金として支払うことを渋々承諾する。

この賠償金額、現在の貨幣価値に換算すれば約百六十四億円にもなるという（日本銀行高知支店の計算による）。

▼交渉や討論が不得手なところをつかれる

ここで龍馬が紀州藩に説明した、衝突の責任は明光丸側にある、という点について考えてみたい。実は当時に限らず現代でも、国際法上は前方から向かってくる船があった場合、互いに面舵（右舵）を取って衝突を回避するのが鉄則だ。

それをあのときは、明光丸側が面舵を取ったのに対し、いろは丸側はなぜか取舵（左舵）を取ってしまったのだ。明らかにいろは丸側の操船ミスだった。のちにそのことに気付いた龍馬は、面舵が国際ルールだということを百も承知で、舌先三寸、茂田らを丸め込んでしまったのである。

現代にあっても世界的に見れば日本人は概して交渉事が下手だと評価されている。

特にこの時代、上意下達の典型的なタテ社会に生きる武士たちは、初対面の相手と交渉したり討論したり、といったことが至って不得手だった。そこを海千山千の龍馬につけこまれたのである。

賠償金額にしても、まったくおかしなものだった。まず、いろは丸の購入金額だが、龍馬が申し出た三万五千六百両などとんでもない。実際は三分の一以下の一万両程度だった。このことはごく最近――平成二十二年（二〇一〇年）になり、いろは丸購入時のポルトガル語の契約書が見つかり、はっきりと証明されている。

▼「分け前」をもらえなかった龍馬

それから、積み荷。たとえ旧主（容堂公）の指示とはいえ、四百丁もの鉄砲を龍馬はどこに運ぼうとしていたのか。この時代、幕府の権威が弱体化していたとはいえ、もしも外様大名である土佐藩が大量の鉄砲をどこかに移送しようとしていて、そのことが幕府に知られた場合、土佐藩はタダではすまなかったはずである。

「坂本よ、自分の鉄砲をどこに運ぼうと勝手だ、とでも土佐藩が突っ撥ねるなら、御三家として見逃すことはできない。幕閣《ばっかく》に申し出て、真相をきっと究明してもらうが、「どうじゃ」とでも逆に脅《おど》しつければ、さすがの龍馬も黙ったはずである。いろは丸の購入金額に関しても、船を買った側の大洲藩、あるいは売った側のオランダ人商人に使者を出して金額を聞き出せば、龍馬が嘘を言っていることがたちどころに露見したはずだ。なぜそうはせず、唯々《いい》諾々《だくだく》と巨額の賠償金を支払ってしまったのか、不思議でならない。

なお、賠償金の受け渡しだが、実際は八万三千両のうち七万両に減額され、そのうち四万三千両余りはいったん土佐藩に支払われ、残りの一部はオランダ人商人に支払われた（大洲藩が商人に支払うべき代金が未払いだったから）。また、土佐藩に入ったお金の中から、いくらかの額が龍馬に支払われることになった。――最終的にそう落着したのは事故から約半年後の慶応三年十一月七日のことだった。

しかし、龍馬はその「分け前」をもらうことはついになかった。なぜなら、八日後の十一月十五日、京都・近江屋で何者かに暗殺されてしまったからである。

▼幕末日本を象徴する遺物の数々

さて、福山市沖の海底で眠るいろは丸の発掘調査だが、実は正確な場所がわかったのはごく最近のことである。平成元年（一九八九年）、地元の有志で結成された「鞆を愛する会」によって発見された沈没船の位置は、鞆の浦から十五キロメートル沖合の水深二十七メートルの海底だった。

その後、京都の水中考古学研究所によって平成十七年（二〇〇五年）までに数回の調査が行われた。同調査で、船首や船尾をはじめ、船体中央部の明光丸と衝突した際のものと思われる跡も確認できたという。また、周辺から滑車《かっしゃ》などの船具、ドアノブなどの調度品、陶磁器やワインボトル、革靴なども回収されている。

こうした船体の状況や大きさ、遺物の内容などから、この沈没船がいろは丸であることはほぼ間違いないようだ。特に遺物は和洋の品物が混在し、いかにも幕末日本を象徴するような取り合わせだという。

ただ一つ、残念と言うべきか、やっぱりと言うべきか、こうした発掘調査で龍馬が事故当時の積み荷であると主張した鉄砲や金塊が一切、それも一発の弾丸さえも見つからなかった。紀州藩側の史料の中には、「それほど多くもない米と砂糖が積まれていただけ」と記録されている物があるという。どうやら、これが真相ではないだろうか。紀州藩は龍馬一流の「はったり交渉術」に敗れたのである。

明治時代に和歌山県沖で遭難したトルコ軍艦の水中捜査の行方

▼日本人の救援に立ち上がったトルコ政府

一九八〇～八八年までの八年間、中東の国イランとイラクの間で行われた戦争、すなわちイラン・イラク戦争を記憶している人も多いだろう。都市爆撃の応酬が続くさなかの八五年三月十七日、突如イラクのサダム・フセイン大統領が、四十八時間の猶予《ゆうよ》期限以降にイラン上空を飛ぶ航空機は無差別に攻撃すると宣言した。

この宣言によって、イランに住む外国人たちはそれぞれ自国の航空会社や軍の救援機によって順次イランから脱出していった。ところが、そんな外国人たちの中でイランを出る方途《ほうと》が見つからず窮地に立たされた人々がいた。日本人である。

当時の日本の自衛隊は日本国憲法に基づく海外派遣不可の原則が足かせとなり、海外へ救援機を派遣することができずにいた。一方、チャーター便を要請された日本航空も、乗務員の安全が保証されていないことを理由に労働組合の反対にあい、救援機を飛ばせないでいたのである。

刻々とタイムリミットが迫るなか、イランに残る二百十五人の邦人の脱出に手を貸しましょうと名乗りを上げたのが、イランの隣国トルコだった。こうしてトルコ政府は、イランに残る同胞の救援を後回しにしてまで（のちに彼らは陸路で無事脱出できた）日本人の脱出のために救援機を差し向けてくれたのだった。救援機のトルコ人パイロットたちも自らすすんでその任務を引き受けてくれたという。

▼紀伊半島南端の串本町沖で遭難

日本人の救援を申し出たトルコの駐日大使はこう言ったという。

「トルコ人なら、エルトゥールル号で日本人から受けた恩義は誰でも知っています。この機会に喜んでご恩返しさせていただきましょう」

こうしてトルコ政府の好意により、イランに残っていた邦人は全員無事に国外へ出ることができたのだった。

トルコの大使の口から出たエルトゥールル号（以下、エル号と表記）とは何のことかご存じだろうか。エル号とは一八九〇年（明治二十三年）、中東からはるばる日本にやって来たものの和歌山県の熊野灘で遭難し多数の死者を出した、オスマン帝国（その一部は現在のトルコ）の軍艦のことである。

この軍艦が遭難した際、海に投げ出された乗組員たちの救助と生存者の介抱に周辺住民たちが献身的に当たったことは、歴史好きならご存じのはず。つまり、トルコの大使はこのとき、百年も前に同胞の危難を救ってくれた日本人の親切心に報いるため、自国民の救援をいったん後回しにしてまで日本人の脱出のために力を貸してくれたわけである。

本稿では、そんなイラン・イラク戦争で再注目されることになったエル号遭難事件の経緯《いきさつ》と、意外に知られていないエル号にまつわる謎（例えば、極東の日本を訪れた真の目的……など）、さらに沈没船の水中調査の現状についても語ってみたい。

▼ロシアとの戦争で国家財政はすでに破綻

六百五十人余を乗せたエル号が、オスマン帝国皇帝（スルタンと称す）アブデュルハミト二世の命により、首都イスタンブールを出港したのは一八八九年（明治二十二年）七月十四日のことだった。

オスマン帝国は、一九一四年に勃発《ぼっぱつ》した第一次世界大戦後に滅亡するまで六百年以上にわたって西アジア、バルカン、北アフリカの大部分の地域を支配し、世界史上に大きな足跡を残したイスラム国家である。

しかしながら、一八世紀に入ると南下政策をとるロシア帝国の侵略を許すようになり、さすがの大国にも落日の影が射し始める。さらにアブデュルハミト二世が即位したころにはロシアと戦ったクリミア戦争（一八五三年開戦）の影響で国家財政はすでに破綻《はたん》状態にあり、瀕死《ひんし》の巨象と言えなくもない有様だった。

そんな凋落《ちょうらく》の一途をたどる国力を反映してか、エル号は見るからにうらぶれた印象の木造軍艦だった。建造されてから二十六年もたっていたという。全長七十六・三メートル、全幅十三・三メートル。艦内には六百馬力の蒸気機関を搭載していた（速力十ノット＝時速約十九キロメートル）。

エル号はスエズ運河を抜け、インド洋に出ると西インドを経由し、シンガポール、サイゴン（現ホーチミン市）、中国の香港、福州を経て、長崎港に到着。それは一八九〇年五月二十二日のことで、その半月後の六月七日、お目当ての横浜港に投錨《とうびょう》する。イスタンブール港を出てから約十一カ月間の長旅だった。

▼日本滞在が予定よりも大幅に延びる

横浜に上陸後、使節団長オスマン・パシャ（海軍少将）一行は鉄道で東京に入り、鹿鳴館《ろくめいかん》を宿舎とした。六月十三日、オスマン少将は明治天皇に謁見《えっけん》し、スルタンより託された親書を捧呈《ほうてい》する。

こうして無事に大任を果たした一行はそれから一カ月程度、日本の官民挙げての歓迎を受け、さてそろそろ帰国しようと考えていた矢先、思わぬ不幸に見舞われる。当時、横浜などでコレラが広がり始め、エル号の乗組員の中からも発症者が出てしまったのだ。そこで仕方なく、その治療や艦内の消毒作業に忙殺されることになり、それがほぼ八月一杯までかかってしまった。

エル号がようやく横浜を出港したのは九月十五日のことだった。日本政府はオスマン少将に対し、エル号の損傷が激しいため、もう少し滞在を延ばし、修復を万全にしたほうがよい、と強く勧めた。また、季節的に台風シーズンに入っていたことも気がかりだった。しかし少将はその申し出を丁寧に断り、帰国の途についたという。

オスマン少将がそれほど帰国を急いだのは、つまるところお金がなかったからだ。日本滞在が大幅に延びたこともあって持ち金が底をつき始めていたうえに、本国から「できる限り石炭を節約し、一日も早く帰国するように」という矢の催促を受けていたからである。少将にはこれ以上滞在を延ばすことなどとてもできなかったのだ。結果的にこのことが大きな不幸を招いてしまった。

▼事故から二十日後にはトルコに送還

横浜を出港した翌日の十六日夜半、エル号は和歌山県串本町の紀伊大島沖を航行中に台風の直撃を受け、岩礁《がんしょう》に激突してしまう。船体の破損部分からどっと海水が流れ込み、それが原因で機関部の爆発を招き、艦は瞬《またた》く間に海中に没した。

こうしてオスマン少将以下五百八十七人が死亡、または行方不明となった。紀伊大島の島民たちの必死の救助によって助かった乗組員はわずかに六十九人。まさに古今未曽有《ここんみぞう》の大海難事故だった。

紀伊大島の島民たちはそれこそ不眠不休で遺体の引き揚げや生存者たちの救護に努めた。海水に長時間漬かって体が冷え、意識を失いかけている者には、自ら裸になり体を密着させて温める島民もいたそうである。「お国は違っても、同じ海に生きる仲間を死なせてはならない」という一心だった。

その後、生存者たちは治療のために神戸に移送される。遭難事故を伝え聞いた明治天皇はすぐに医師と看護師を派遣するよう側近に命じたという。

神戸で治療を受けた生存者六十九人は、十月五日には日本政府の計らいで海軍の軍艦「比叡《ひえい》」と「金剛《こんごう》」に分乗の上、トルコに送還された。イスタンブールに到着したのが翌年（一八九一年）一月二日のことで、トルコ国民から大歓迎を受けている。このとき「比叡」のほうに、司馬遼太郎の小説『坂の上の雲』で知られる、当時は少尉候補生でのちに海軍中将となった秋山真之《あきやまさねゆき》が乗艦していたという。

▼アジアの国同士で手を組み西欧列強に対抗？

そもそもエル号はなぜ、極東の日本にやってきたのだろうか。定説では、エル号が日本を目指してイスタンブールを出港する二年前、一八八七年に行われた小松宮《こまつのみや》彰仁親王《あきひとしんのう》夫妻のイスタンブール訪問に対する答礼のためとされているが、それにしては六百五十人も派遣するのは多すぎる。

そこで、アブデュルハミト二世の真の狙いは日本との間で友好条約を結ぶことだった、という異説が浮上してくる。西欧列強との間で交わされていた不平等条約の撤廃を目論んでいたアブデュルハミト二世は、同じ立場にいるアジアの仲間の日本と手を組むことで西欧列強に対し発言権を強めようと考えたのである。

ところが、このころの日本は脱アジアを志向し、西欧列強と一日も早く肩を並べることに主眼を置いていたため、西アジアとはいえ同じアジアのオスマン帝国と手を組むことに価値を見出せず、エル号によってもたらされたアブデュルハミト二世の誘いをやんわり断ったのではないかというのである。

このほか、オスマン帝国の威信が揺らいでいるときだけに、帝国海軍の実力を世界に知らしめる好機ととらえ、わざわざ極東の日本を目指した——という異説もあるが、いずれも真相は不明である。

▼八千点を超える遺品を海底から引き揚げる

最後に、串本沖で沈没したエル号の遺跡調査について少し述べておこう。

エル号の遺品の引き揚げは、トルコ人海洋考古学者が中心となった調査団の手により、二〇〇八〜二〇一五年の間に何度か行われており、その調査でエル号の物と思われる遺品がトータルで八千百三十点も見つかっている。

砲弾の一部や船の部材、特徴的なデザインの調理器具や香水瓶などで、アジア各国のコインも含まれているという。それらのコインは、エル号が日本に向かう途中にインドや東南アジアなどに寄港した際、乗組員たちが故郷への土産にするため入手したものと見られている。

串本町では、紀伊大島の樫野埼《かしのざき》灯台そばに立つ「トルコ軍艦遭難慰霊碑」の近くに、トルコ国との友好の証《あかし》として「トルコ記念館」を建設。館内にはエル号の模型をはじめ、海底から引き揚げられた遺品の一部が展示されている。

英国商船「ノルマントン号」の沈没地点をめぐる不可解

▼日本人は全員水死し、英国人は全員脱出に成功する

明治の半ば、親善使節団を乗せたトルコの軍艦「エルトゥールル号」が来日し、紀州の熊野灘《くまのなだ》で遭難した話は先に述べたが、この事故が起こる四年前に、同じ熊野灘で難破《なんぱ》し海中に没した外国船があった。

その船とは、英国の貨物船「ノルマントン号」（以下、ノル号と表記）のことである。のちにこの海難事故は日英の間で大きな外交問題へと発展する。なぜなら、事故当日、その貨物船には二十数人の日本人乗客がいて、彼らは全員、沈没船と運命を共にしたにもかかわらず、英国人を中心とした西洋人乗組員たちは全員救命ボ

ートで脱出していたからだった。

しかも、その後、乗組員たちはジョン・ウイリアム・ドレーク船長以下、誰一人として罪に問われることなく無罪放免となった。そこに疑問を持った当時の新聞各紙が「日本人乗客は西洋人に見殺しにされた」と大々的に書きたてたところ、日本国民の間でドレーク船長に対する不満の声が卒然と沸《わ》き起こり、英国との間の緊張感が一気に高まる結果となったのである。

このように日英の間で一大外交問題に発展する原因となったノル号だが、一体、沈没後、船はどうなったのだろうか。

▼本来は客を乗せてはいけない貨物船

明治十九年（一八八六年）十月二十三日午後三時ごろ（午後六時説も）、ノル号千五百三十三トンは横浜から神戸を目指して出港した。

同船は帆船から汽船への移行期に登場した、動力として蒸気機関を併用した当時最新型の貨物船だった。

乗組員はドレーク船長以下三十九人。積み荷はニューヨーク行きの製茶、上海行きの海産物および雑貨、神戸行きの雑貨、乳牛二頭などであった。さらに船内には日本人乗客二十五人（うち女性四人）の姿もあった。

その乗客の名前や年齢は全員判明しており、最も若いのが十一歳の少年、最高齢は六十七歳の女性だった。本当ならノル号は貨物船登録で、客を乗せられない決まりだったが、東海道を歩くよりも時間もお金もかからないというので、当時、こうした横浜と神戸を行き来する外国船があった場合、乗船を希望する日本人が多かった。船側にとっても結構な小遣い稼ぎになったわけで、断る理由はなかった。

ただ、日本人乗客に対する処遇はひどいものだった。この遭難事件の数日前に神戸から横浜行きのノル号に乗船した経験を持つ日本人男性の記録が残されているが、乗客たちは全員、窓一つない暗黒の船倉《ふなぐら》に押し込められ、食事の世話をする日本人の賄方《まかないかた》以外、甲板《かんぱん》に出ることを固く禁じられた。トイレもなく、やむなく船倉の隅に置かれた桶《おけ》で用を足したそうである。

▼せっかく救助したのに……

まさに、人を人とも思わない乱暴な扱いだった。当時の西洋人の大半が、日本人ら有色人種をどう見ていたか、よくおわかりいただけよう。

それはともかく、二十三日午後三時ごろに横浜を出港したノル号は、その日は何事もなく西を指して航海を続けたが、翌二十四日が明けると、それまでの好天が嘘のような暴風雨に直面し、その日の午後七時過ぎにはついに紀伊半島最南端の潮岬《しおのみさき》のあたりで座礁《ざしょう》し、のちに沈没してしまった。

浸水から沈没まで一時間ほどの間があり、ドレーク船長以下、白人系の乗組員二十六人は四艘《そう》のボートに分乗して無事離船できたが、残りの下働きの有色人種（中国人やインド人）の大半と日本人乗客は船に取り残され、溺死《できし》したと見られている。

その後、荒れた海を漂流していたドレーク船長らは、嵐をついて海上に出てきた地元漁師らに救助され、手厚く保護されている。ところが西洋人たちは命を助けてもらったにもかかわらず、村人の家に落ち着くと威張り散らしたり所かまわず唾《つば》を吐いたりと傍若無人《ぼうじゃくぶじん》な態度が目につき、地元住民の顰蹙《ひんしゅく》を買ったという。

このノル号の遭難事件から四年後、同じ熊野灘でトルコの軍艦が遭難し、海に投げ出された乗組員たちは同様に地元の漁民から救助と保護を受けるのだが、トルコ人たちは素直にそのことを感謝し、村にいる間は規律正しい態度を崩さなかった。

こちらは軍人の集団ということもあるが、「同じ外人さんでも、えらい違いじゃ」と土地の人たちは噂しあったそうである。

▼ドレーク船長の証言は真実か？

明治十九年十一月一日、ノル号の難破の原因および乗組員の行為が適切であったかをドレーク船長に審問するため、神戸の英国領事館において海難審判が開かれた。幕末に英国ら五カ国との間で結ばれた、日本側にとってのいわゆる不平等条約により、日本側に事故を裁く権限はなかったのである。

英国領事で、当日の審判長をつとめたジェームズ・トループから、なぜ日本人乗客を助けなかったのかと尋ねられたドレーク船長は、

「船が沈むからただちにボートに移るよう船員が日本人にすすめたが、彼らは英語を解さなかったせいか、船倉に籠《こも》って出てこようとしなかった。そこで、危険が迫っていることを身振り手振りで説明したが、それでも聞き入れてもらえなかったため、仕方なくわれわれだけで離船することにしたものであって、あのときわれわれは船員として最大限の努力と義務を果たしている」と陳述《ちんじゅつ》した。

審判長はこのドレーク船長の言い分を認め、船長を含む乗組員全員に無罪判決を下した。判決結果が公表されると、新聞各紙は一斉に騒ぎ立てた。「船が嵐で大揺れに揺れたり浸水したりして、これ以上ない切迫した状況にあるのに、船倉から一歩も出ないのはおかしい。本当にちゃんと状況を説明したのか」というのである。

▼船倉に閉じ込められたまま溺死？

さらに、西洋人の乗組員の中に日本語の会話ができる者がいたことがほぼ確実となり、船長の証言の嘘が発覚する。また、新聞の投書欄に「ある英国人から聞いた話」として、「これまで西洋の貨物船に日本人や中国人を乗せる場合、船員らは彼ら有色人種を家畜のように見ていて、甲板の上を自由に歩き回られることを嫌った。そこで貨物用の船倉に閉じ込めて目的地に着くまで外へ出さないようにし、ときには表からドアに鍵をかけることさえ珍しくなかった」という投書が出ると、ドレーク船長らを弾劾《だんがい》する新聞の論調は一段とヒートアップした。

日本人乗客らは船倉に閉じ込められた状態で溺死させられた可能性が出てきたからだ。そうなると、もはや殺人だった。沈没後、日本人乗客の亡骸《なきがら》が一体も上がらないのは、密室に閉じ込められた何よりの証《あかし》ではないのか、と新聞各紙は舌鋒《ぜっぽう》鋭く切り込んだ。

　こうした国内世論の高まりに、さすがに日本政府も傍観《ぼうかん》しているわけにはいかなくなり、ときの外務大臣・井上馨《いのうえかおる》は兵庫県知事・内海忠勝《うつみただかつ》に命じてドレーク船長らを兵庫県知事名で横浜英国領事裁判所に殺人罪で告訴させている。

▼あいまいな沈没地点

　こうなると英国側もついにドレーク船長の職務怠慢を認め、船長に有罪判決を下した。と言っても、わずか三カ月間の禁固刑だった。しかも、日本人被害者遺族への賠償金の支払いについては一切拒否した。

　このノルマントン号事件で日本人乗客が死亡した真相は今も藪《やぶ》の中だが、罪もない老若男女二十五人の生命が海中に消えたことだけは事実。しかしながら、それはまったくの無駄死にでなかったことがせめてもの救いだった。

　この事件がきっかけとなり、それまで日本が欧米諸国との間で取り交わしていた領事裁判権や関税自主権を含む不平等条約撤廃の気運が一気に高まったからである。

この当時、こうしたいくつもの同胞の尊い犠牲がありながらも、新生日本丸は国際社会という名の大海原へと船出したのだった。

——さて最後に、熊野灘に沈んだノル号はその後どうなったのかについて語ってみたい。まず、沈没地点だが、のちにドレーク船長は「四日市沖より紀伊半島南端の樫野埼《かしのざき》灯台に向かう途中」と曖昧《あいまい》な証言をしていた。船長は日本の海に不案内なこともあり、正確な沈没地点をわかっていなかったことは事実のようである。

日本政府がのちにノル号の乗組員や紀伊半島沿岸の漁師に聞き取り調査をした結果、沈没地点としてドレーク船長が証言した樫野埼灯台（紀伊大島）沖のほかに、潮岬沖、太地町《たいじちょう》沖、勝浦沖など数カ所あげられることがわかった。

▼九十メートルの深さに沈んでいる？

さらに調査を続けて最終的にこの中から絞り込んだのが、勝浦沖だった。そう、生マグロの水揚げ漁港として、あるいは熊野詣《くまのもうで》の終着点として知られるあの那智勝浦である。そこの地元漁師から聞き込んだ、ノル号の沈没後、勝浦の東方約三キロメートルの沖に油が浮かんでいた、という証言が決め手になった。

▲ノルマントン号は、日本人乗客とともに那智勝浦に沈んだ

遭難事件から約一カ月後の十一月二十一日、政府の現地調査団は川崎造船所の潜水夫に依頼し、沈没船があると思われる海域を探させたところ、潜水夫は白いペンキを塗った帆柱の先端部分と思われるものを見た、と報告した。ところが、当日、時間をおいてもう一度潜ってみると、今度は何も発見できなかった。

潜水調査を困難にしていたのは、ノル号が沈んでいると思われるそのあたりの深さが九十メートル近くあったことだ。当時の潜水夫の装備ではその半分も到達できなかった。しかも、海というのは日中でも二十メートルも潜れば周囲は夕方のように薄暗くなり、それより先はとても見通すことができなかったのである。

そこで仕方なく、小型の錨《いかり》を付けた長い縄を海底まで垂らし、船で縦横に曳《ひ》いてみたが、やはり何も引っかからなかったという。

◇

三日後の二十四日になり、政府は勝浦の狼煙山《のろしやま》に、ノル号の沈没地点をしるした木標《もくひょう》を建て、調査を終了させた。政府としては国民の手前、沈没船の調査を行ったが、西欧列強のトップに君臨するイギリスの御機嫌を損ねないために、早々に事件の幕引きを図ったものと見られている。

「大和」と「武蔵」…海軍の二大戦艦がたどった数奇な運命

▼「世界最大最強」「不沈艦」を誇る

太平洋戦争で、大日本帝国海軍が建造した二大戦艦と言えば、「大和《やまと》」と「武蔵《むさし》」だ。大和は広島県の呉《くれ》海軍工廠《こうしょう》で、武蔵は三菱重工業長崎造船所でほぼ同時期に建造された。

全長（約二百六十三メートル）と最大幅（約三十九メートル）はほぼ一緒。新造時であれば兵装もそっくりで、外見で識別することは困難だった。まさに、双子の姉妹（船は女性名詞扱い）のようなもので、起工も進水も一足早かった大和が姉、三カ月遅れで進水した武蔵が妹という間柄だった。

建造当初は両艦とも「世界最大最強」「不沈艦《ふちんかん》」を誇ったが、栄光の期間はごく短かった。武蔵は就役《しゅうえき》から約二年三カ月後の昭和十九年（一九四四年）十月二十四日に、大和は約三年五カ月後の昭和二十年四月七日に、どちらも海上で米軍の猛攻撃を受け、海中に没した。武蔵が沈んだのはフィリピン中部のシブヤン海、大和が沈んだのは鹿児島・坊ノ岬《ぼうのみさき》沖だった。

その後、終戦となり、両艦はそれぞれ沈没した場所で現在に至るまで海底で眠り続けている。いずれも船体を引き揚げるという話が出たこともあるが、その話はどうなったのだろうか。最新の海底調査でわかったことを語ってみたい。

▼戦力の差は歴然で圧倒的に日本軍の不利

戦艦武蔵は昭和十九年十月二十二日、レイテ沖海戦に参加するためボルネオ島のブルネイを出撃した。これが武蔵にとって最後の出撃となった。

レイテ沖海戦とは、同年十月二十日～二十五日にかけて、フィリピン周辺海域で起こった、米軍（連合国軍）と日本軍との戦い。同海戦では、シブヤン海海戦、スリガオ海峡海戦、エンガノ岬沖海戦、サマール沖海戦などいくつかの大きな海戦が起きており、それら一連の海戦を総称してレイテ沖海戦と呼ぶ。その規模の大きさや戦域の広さから「人類史上最大の艦隊戦」とも言われている。

米軍側の主な目的は日本の勢力下にあったレイテ島を奪還することにあり、一方、日本軍の艦隊はその動きを阻止するために出撃したのだった。

米軍の戦力は、航空母艦十七隻、護衛空母十八隻、戦艦十二隻、重巡洋艦十一隻、軽巡洋艦十五隻、駆逐艦百四十一隻、航空機約一千機、補助艦艇千五百隻という圧倒的な陣容。これに対し日本軍は、航空母艦四隻、戦艦九隻、重巡洋艦十三隻、軽巡洋艦六隻、駆逐艦三十四隻、航空機約六百機と、その差は歴然だった。この日本側の戦艦九隻の中に大和と武蔵の不沈艦コンビも含まれていた。

ブルネイを二十二日に出港した武蔵は、そのまま北上してレイテ湾を目指し、二十四日未明にシブヤン海に入る。ここで米軍の猛攻撃に晒《さら》されることになった。

▼魚雷だけでも二十五本も命中する

午前十時過ぎから戦闘が開始され、米軍の爆撃機や雷撃機のほか、ロケット弾を装備した戦闘機からも武蔵は集中的に狙われてしまう。空だけでなく戦艦から放たれた砲弾や魚雷も次々と武蔵に命中していった。米軍によるこうした激しい攻撃は午後三時半ごろまで五波に及んだという。

米軍側の記録では、武蔵は魚雷だけでも右舷、左舷合わせて二十五本も命中したという。それでも武蔵はその後数時間、奇跡的に航行を続けたが、やがて復元不能になるまで傾斜したまま大爆発を起こし、海中に没していった。午後七時半ごろのことだった。この戦闘での武蔵の全乗組員二千三百九十九人のうち四割強の千二十三人が戦死したと記録にある。

その後終戦を迎え、一度米海軍が海底に沈む武蔵を探索したが見つからず、長らく所在は謎とされていた。その謎に挑んだのが、アメリカ人実業家で大富豪のポール・アレン氏（一九五三〜二〇一八年）だった。氏はビル・ゲイツ氏と共にマイクロソフト社の共同創業者だった人物。

そんなアレン氏が率いる海底探査プロジェクトチームが、専用の探査船まで用意し八年の歳月をかけてついにシブヤン海に沈む武蔵を発見する。それは、二〇一五年（平成二十七年）三月二日のことだった。

シブヤン海に沈む戦艦武蔵

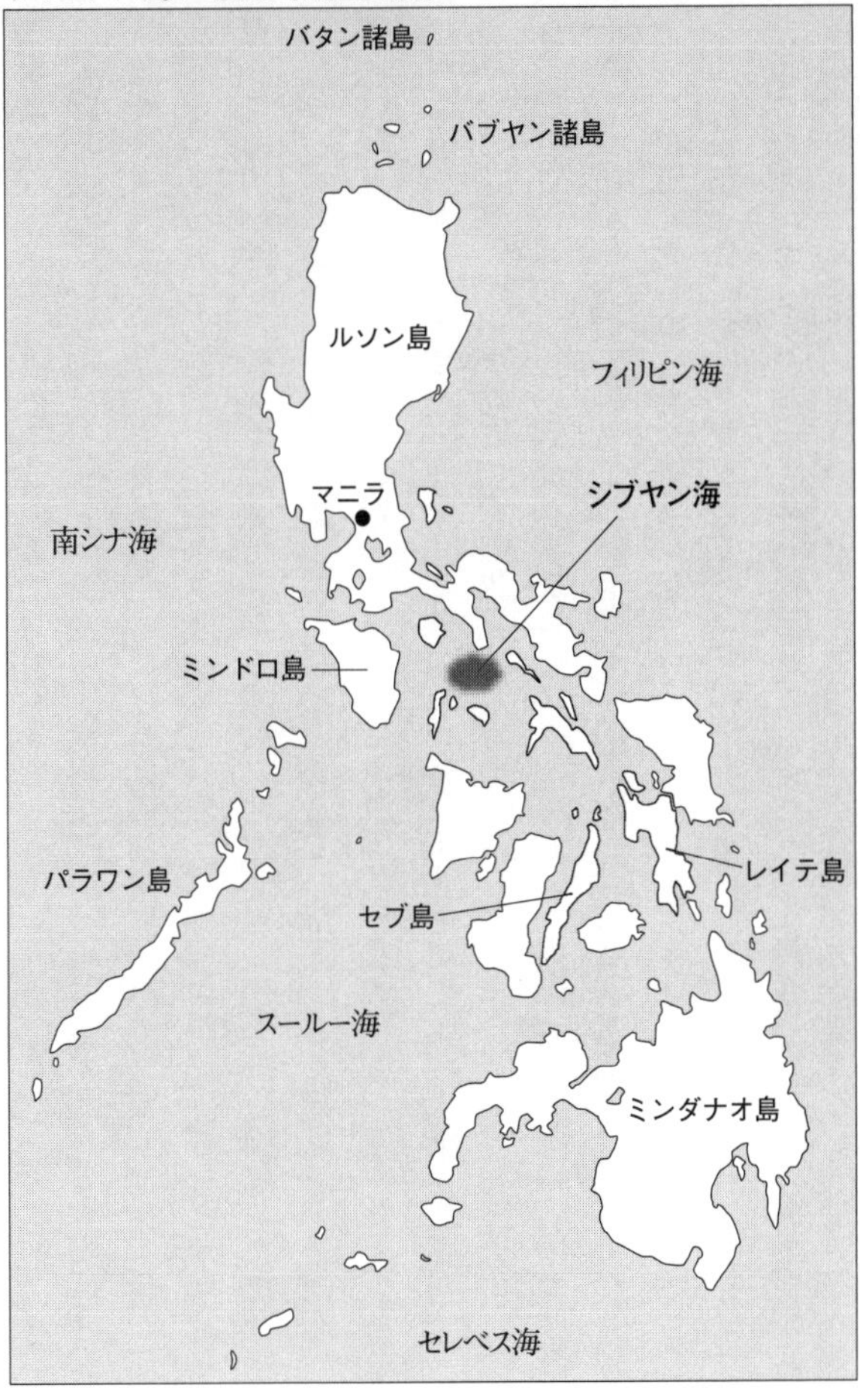

▼積載していた大量の砲弾や火薬が水中爆発

武蔵が沈んでいたのは、シブヤン海の水深約千二百メートルの海底で、艦体は前と後ろで大きく二分割された状態だった。艦体の周囲には巨大な錨《いかり》（全長五メートル、重量十五トンもあった）やスクリュー、砲塔、砲弾、甲板《かんぱん》の一部などが散乱し、なかには中心部から約一キロメートルも離れた地点で見つかった遺物もあった。

当初、武蔵は原形を保ったまま沈んだと思われていたが、この発見により、その仮説は間違いであることがわかった。これは水没の際、艦内に残っていたと思われる百六十発以上の砲弾と百トンもの火薬が水中爆発を起こし、その影響で艦体がバラバラになったからではないかと推測されている。

このときのアレン氏の海底探査プロジェクトチームが撮影した武蔵の映像の一部はＮＨＫに提供され、のちにＮＨＫがその映像をもとに特別番組を放送したが、読者の中にもご覧になった人は多いはず。

この番組がきっかけとなり、マスコミの間で「貴重な歴史遺産だから、引き揚げたほうがよい」という意見が出る一方で、「深海から引き揚げるには巨額の費用が必要で現実的ではない」という声もあり、今日に至るまで結論は出ていない。

▼巨大戦艦の名を借りた高級ホテル？

　話題を大和に移そう。戦艦大和と言えば、現代の小さな子どもでも知るくらいの戦艦の中の戦艦。ＳＦアニメファンには「宇宙戦艦ヤマト」のモデルとしてもつと、、に有名だ。そんな大和は太平洋戦争においてさぞや華々しい戦果を挙げているものと勝手に思い込み、戦歴を調べてみたところ、これが意外にも……。

　大和の初陣は昭和十七年（一九四二年）五月、ハワイ諸島北西で繰り広げられたミッドウェー海戦だった。この海戦は太平洋戦争の転換点となった戦いで、日本軍が歴史的な大敗を喫したことで知られている。

　実はこの海戦で大和以下の主力艦隊は機動部隊のはるか後方にいたため、直接米軍と交戦することはなかった。大和自慢の、四十二キロメートル先まで砲弾が届くと言われた四十五口径四十六センチ砲は一度も火を噴くことがなく、まさに宝の持ち腐れだったのである。

　さらに同年八月上旬に始まった、ソロモン諸島・ガダルカナル島をめぐる激戦では、大和はトラック島に進出しておきながら、今度も積極的に参戦することはなかった。その後の大和は地上の楽園と称されたトラック島に停泊を続け、一年以上の大半を無為に過ごすことになる。

周囲は、豪勢な内装を誇るだけで仕事をしないそんな巨大戦艦に対し陰で「大和ホテル」と呼んで揶揄《やゆ》した（ちなみに姉妹艦の武蔵は「武蔵旅館」と呼ばれた）。

▼大和、特攻作戦に利用される

大和はまた、昭和十九年十月のレイテ沖海戦では姉妹艦の武蔵と共に出撃したものの、本格的な砲撃戦に加わることはなかった。

このレイテ沖海戦で、なによりも日本の軍幹部や大和の乗組員たちに衝撃を与えたのが、日本海軍の敗北もさることながら、武蔵の撃沈だった。「不沈艦」を誇っていた巨大艦があれほど簡単に沈むとは誰一人として想定していなかったからだ。大和と武蔵は大きさも戦闘能力も拮抗していただけに、「大和でさえ、いつ撃沈されるか知れたものではない」と彼らは一様に恐怖を覚えたのである。

やがて、そんな恐怖が現実となって襲いかかってきた。終戦の年の昭和二十年四月五日、山口県・徳山湾沖で待機していた大和に出撃命令が下る。沖縄に上陸を開始した米軍に対し、海から攻撃して追い払えとの命令だった。

その詳しい内容だが、片道だけの燃料を積んで沖縄に向かい、自ら浅瀬に乗り上げたうえで「動かぬ砲台」となり、その状態のまま米軍の陸上部隊に砲撃を加えるという捨て身の作戦だった。いわば、戦艦大和による特攻作戦である。

このような無謀な作戦がまかり通ったのは、これまで海軍上層部には「大和は帝国海軍の象徴だから、傷付けたくない」という思惑があり、危険を極力回避させてきたのだが、もはやそんな悠長なことを言っていられなかったからであった。

▼勝敗を分けたのは制空権

ところがこの大和の出撃に関する情報は米側に漏れており、同月七日、鹿児島県の坊ノ岬沖で大和が率いる艦隊は迎撃されてしまう。米軍は艦載機を満載した空母十二隻、戦艦六隻などで海と空の両方から大和に襲いかかった。

戦闘は昼の十二時半過ぎに始まり、最初こそ、日本側の艦隊はよく訓練された連係プレーで米軍の攻撃をしのいでいたが、日本側には戦闘機による上空支援が乏しく、それが勝敗を分けることになった。

そのうち大和は無数の砲弾と魚雷を受けて艦体が傾き始める。米軍は巧妙で魚雷のほとんどを大和の左舷《さげん》に集中させたのだが、その作戦が功を奏したのである。午後二時過ぎになると大和は自力でその傾きを復旧させることが困難となる。そして、午後二時二十二分、ついに大和の巨体が横転。同時に大爆発を起こし、海中に飲み込まれていった。

この坊ノ岬沖海戦によって日本側は三千七百二十一人が亡くなり、そのうち七割強の二千七百四十人が大和の乗組員だった。対する米軍側の死者・行方不明者は十数人に過ぎなかったという。

大和が沈んだのは薩摩半島南端の枕崎市に隣接する坊ノ岬から海上を南西方向に二百キロメートルほど進んだ水深約三百五十メートルの地点であった。

▼無人探査機によるハイビジョン撮影も

大和を探す海底調査は現在までに四回行われている。最初は昭和五十七年（一九八二年）に「戦艦大和探索会」が行った。無人探査機を利用して大和と思われる艦影の撮影に成功したものの、このときは大和であるという確証は得られなかった。

その後、昭和六十年（一九八五年、調査の主体は「海の墓標委員会」）、平成十一年（一九九九年、同「大和プロジェクト'99」）、平成二十八年（二〇一六年、同「広島県呉市」）と都合四回実施されている。

昭和六十年の第二回調査では、イギリスから有人の探査船を取り寄せたうえで行われた。艦体が大きく二分割されていることに加え、巨大なスクリューや菊の紋章が入った艦首部分なども見つかり、大和であることが初めて確認された。平成十一年の第三回調査では、銅製窓枠、機銃の薬莢《やっきょう》、電声管、喇叭《らっぱ》、薬品ボトル、電気スタンド、酒瓶・ビール瓶、食器など計八十一点の遺物が引き揚げられている。

最後の平成二十八年の第四回では、主砲用の火薬缶やボイラー部品など計十八点が引き揚げられたほか、初めて無人探査機によるハイビジョンカメラ撮影が行われてもいる。この映像は、大和が建造された海軍工廠がかつて存在した呉市にある「大和ミュージアム」（平成十七年開館）で見ることができる。

▼工業立国ニッポンの礎となる

戦艦大和には世界的に見ても当時最新鋭の技術や生産性の向上を図るためのシス

テムがふんだんに盛り込まれていた。たとえば、駆逐艦一隻分の重さがある砲塔を秒刻みで動かす機構《メカニズム》、砲弾が直撃してもびくともしない特殊装甲板や新溶接技術の開発、さらに戦後の日本の各メーカーでは当たり前に行われている工程管理の徹底……などがそれに当たる。

こうした、このとき生み出された新しい技術や生産システムが、のちの工業立国ニッポンの礎《いしずえ》を築いたと言えなくもない。その意味では、大和は日本が誇る歴史的な文化遺産の一つと言えるだろう。

今日、大和の象徴である主砲だけでも引き揚げたいという話は一部経済界などで根強く語られているようだが、その費用は五十億とも百億とも言われ、資金調達のめどはたっていない。その一方で、戦後八十年近くも海底で眠っている大和を今更ゆり起こす必要はない。それは墓所をむりやり暴《あば》くのと同じことだ。このまま眠らせてあげようではないか——という意見が出ていることも事実。

武蔵と大和、太平洋戦争で帝国海軍の象徴として登場した両艦は、そうした地上の喧《かまびす》しい声を知るや知らずや、きょうも常闇《とこやみ》の海底で静かに眠りについている。

3

数千、数万の時を超え、歴史の真実は、湖底に眠る

野尻湖（長野）で見つかった古代人とナウマンゾウの痕跡から分かること

▼昭和三十七年から定期的に発掘調査を実施

長野県信濃町にある湖で、新潟県との県境近くにある野尻湖《のじりこ》。東の斑尾山《まだらおさん》と西の黒姫山に挟まれた高原（標高六百五十四メートル）に位置する。面積は四・四五平方キロメートル、周囲長十六キロメートルで、長野県内にある天然湖としては諏訪《すわ》湖《こ》に次いで二番目に大きい湖だ。高所から全体を見渡せば、芙蓉《ふよう》の花のように見えることから、別名芙蓉湖とも呼ばれている。

この野尻湖のほとりには日本初の設備――水力発電所が存在する。昭和九年（一九三四年）に運用を開始した「池尻川発電所」である。同発電所は、現在全国四十カ所以上にある揚水式《ようすいしき》発電所の第一号だ。揚水式発電所とは、発電所の上部と下部に調整池をつくり、電気が比較的使われない深夜、下池の水を上池にポンプで汲み上げておき、電気が多く使われる日中に水を落として発電する仕組み。いわば設備全体が、水力を利用した大きな蓄電池ということになる。

そんな野尻湖はまた、今から数万年前まで生きていたナウマンゾウの化石が出た湖としても知られている。これまでにナウマンゾウの化石は全国各地、二百カ所以上から見つかっているにもかかわらず、なぜ野尻湖の化石だけが有名なのだろうか。

その理由は、そうした化石を介して、当時、湖の周辺に住んでいた古代人の暮らしぶりの一端が垣間《かいま》見えるからだという。それは一体どういうことだろうか。昭和三十七年（一九六二年）から今日に至るまで定期的に実施されている発掘調査から見えてきた、ナウマンゾウと「野尻湖人」とのかかわりについて語ってみたい。

▼東京都内だけでも二十カ所以上から発掘

ナウマンゾウとは、日本列島にかつて生息していたゾウの一種。現存するアフリカゾウやアジアゾウと祖先は同じである。中国大陸から移動してきたとされているが、中国ではほとんど発見例は報告されておらず、日本固有種と見られている。

その大きさは、肩高で二・五～三メートル。祖先が特に近いとされるアジアゾウよりも小形だ。国内では明治時代初期、横須賀で最初に発見され、東京帝国大学（現東京大学）地質学教室の初代教授だったドイツ人のお雇い外国人ハインリッヒ・エドムント・ナウマンによって研究、報告された。ナウマンゾウの名前は同教授の名前からとられている。ちなみに同教授は、日本の中央地溝帯をフォッサマグナ（ラテン語で「大きな溝」の意）と命名したことでも名を残している。

このナウマンゾウ、今から二十数万年前（異説あり）にすでに出現していたとされ、前述したように日本では北海道から九州まで、二百カ所以上で化石が見つかっている。東京都内だけでも発掘場所はＪＲ・田端駅、日本銀行本店、明治神宮前駅など二十カ所を超えるという。

野尻湖からは約六万年前～三万八千年前の間（最も新しい「最終氷期」の時代に含まれる）の地層からナウマンゾウ約四十頭分の歯の化石が発掘されている。一カ所でこれだけ多くの歯の化石が見つかったのは野尻湖だけである。

▼世界的にも珍しい発掘スタイル

野尻湖で最初にナウマンゾウの化石が発見されたのは、昭和二十三年（一九四八年）のことで、発見者は湖畔《こはん》で旅館を営む男性だった。のちにこの湯たんぽに似た形状の化石は専門家によって、ゾウの奥歯の化石と鑑定される。

その後、本格的な発掘調査が、信州大学教授の鈴木《すずき》誠《まこと》氏を団長とする民間の学術団体「野尻湖発掘調査団」が中心となり、昭和三十七年（一九六二年）にスタートした。参加を一般に開放したことで県内外から約七十人が手弁当で駆け付けた。

調査期間中にナウマンゾウの大腿骨《だいたいこつ》をはじめ、同時代に生息していた大型のシカ・ヤベオオツノジカの化石もみつかり、この第一次の調査は大成功に終わった。

「野尻湖発掘調査団」による調査はその後、大体二〜三年に一回のペースで毎回三月下旬に一週間かけて実施されるようになり、第二十二次の平成三十年（二〇一八年）の回が最新だ（第二十三次はコロナ禍で延期中）。

肝心の発掘調査の場所だが、湖の西岸にある立《たて》が鼻《はな》と呼ばれる岬付近の遠浅の湖底（立が鼻遺跡）が中心で、これまでの調査でのべ八万点以上の化石、遺物がここから出土している。また、なぜ三月下旬かというと、この時期、水力発電の影響で野尻湖の水位が約三メートルも下がり、発掘調査がしやすくなるからである。

一般の考古学マニアも参加が自由という、世界でも稀《まれ》な野尻湖の「大衆発掘」は毎回盛況で、これまでに参加者が三千人を超えた回もあったという。

▼動物化石と人工の解体道具が混在

こうした発掘調査では、ナウマンゾウやオオツノジカなどの動物化石のほか、人が石や動物の骨を加工して使ったと思われるナイフやスクレイパー（皮はぎ）、ナタ状の道具など多彩な人工遺物も同じ地層から見つかっている。

実は、この動物化石と人工遺物の混在こそが、野尻湖底遺跡の特殊性を表わしているのだ。なぜなら、こうした人工の骨器や石器が存在するということは、ナウマンゾウやオオツノジカなどの大形哺乳《ほにゅう》動物が当時の人々（旧石器人）の狩猟の対象になっていたことを物語るからだ。野尻湖以外のナウマンゾウの化石が見つかっている場所で、一緒に人工の道具類が発掘されている例は見当たらないという。

一カ所からこれだけ多くの動物化石と動物を解体するときに用いられたと思われる道具類が出土したという事実から、この場所は当時の人々にとっての狩猟場であり解体場（キルサイト）であったとする説を唱える研究者も少なくない。この説が事実とすれば、世界的にも極めて珍しい例だという。

このキルサイト説を裏付けるように、出土したナウマンゾウの歯の化石から死亡時の年齢を調べると、幼年期のゾウは含まれず、いずれも十五歳以上の大人のゾウだった。それはすなわち、発掘されたゾウたちは自然死ではなく、人間によって大人のゾウだけが選ばれて狩られた証拠になるのだという。

◇

ナウマンゾウが生きた最終氷期は現代と比べ平均気温が四～六度も低かったと推定されている。そのような過酷な時代に、本来は熱帯林を好むナウマンゾウたちは日本の環境に見事に適応し、この野尻湖周辺でも悠々と闊歩《かっぽ》していたのだ。同様に過酷な時代を生きる当時の人々が、それを食料にしようとしたのも無理はなかった。

日本固有のナウマンゾウは今から約三万年前に滅んだと考えられているが（ちなみにマンモスが絶滅したのは約三千年前）、この野尻湖底遺跡の発掘調査が進めば、その滅んだ原因や野尻湖にだけキルサイトが存在する理由、さらに当時の人々がゾウとどうかかわっていたかなどの謎が詳しくわかるものと期待されている。

三方五湖（福井）で見つかった二つのタイムカプセル　その1

▼万葉歌人にも絶賛されたほどの景勝の地

万葉歌人にも愛されたほど、古《いにしえ》より四季折々の美しさで知られていた福井県（若狭国）の三方五湖。県の南西部、若狭湾に面するリアス式海岸にある五つの湖の総称だ。この三方五湖は、見飽きない景観の美しさで国の名勝《めいしょう》に指定されているばかりか、水辺では水鳥や水生植物など多種多様な生き物をはぐくみ、「ラムサール条約湿地リスト」に登録されるほど、世界的にも希少な湖なのである。

そんな三方五湖には、海外にも類例がない二つの「タイムカプセル」が眠っていることをご存じだろうか。

▲三方五湖に眠る“タイムカプセル”とは？

一つは、湖に注ぐ川の底から発見された、通称「縄文《じょうもん》のタイムカプセル」。もう一つは、湖の中から見つかった通称「自然環境のタイムカプセル」のことだ。前者からはその後の日本の伝統文化に大きく貢献することになる、ある植物が出土していた。その植物とはなに？　一方、後者からは世界の地質学や考古学の研究者を驚かせたある堆積物《たいせきぶつ》が見つかっている。その堆積物を詳しく調べれば、過去七万年分の自然環境の変化が正確に読み取れるという。それは一体どういうことだろうか。

本稿では、二つのタイムカプセルが同居する奇跡の湖――三方五湖の謎に迫ってみることにしよう。

▼三方断層の沈降部に形成された断層湖

まず、三方五湖の概略《あらまし》について説明しておこう。五湖とは日向湖《ひるがこ》、久々子湖《くぐしこ》、水月湖《すいげつこ》、菅湖《すがこ》、三方湖《みかたこ》のことで、互いに水路（江戸時代に開通・開削《かいさく》された人工物を含む）によって結ばれている。

久々子湖とそれ以外の湖は成り立ちが違うと考えられており、最初は大きな入江だったものが、湾口にたまった砂洲《さす》によって徐々に外海から閉ざされ、できたのが久々子湖で、その他の湖は南から若狭湾に向かって延びる三方断層の沈降部に形成された断層湖と見られている。

このうち久々子湖と並んで北端にある日向湖は海と直結しており、ほぼ塩水湖と言ってよい。生息する魚種も外海とほとんど変わらない。その右側にある久々子湖も満潮時には海水が流れこむため塩分濃度は高い。水月湖と菅湖は真水と海水がほぼ半々の汽水湖《きすいこ》の部類に入るが、菅湖のほうが水月湖よりも若干塩分は濃い。最奥の三方湖だが、こちらは淡水湖と言ってよく、魚種も淡水魚に限られる。

面積は水月湖が四百十六ヘクタールと最も大きく、小さいのは菅湖の九十一ヘクタール。最大水深は日向湖の三十九・四メートルが最高で、最も浅いのは久々子湖の二・三メートル。この水質と水深の違いによって、同じ青色でもすべて濃さが異なる青色に見えるのも三方五湖の特徴だ。

▼発掘品の中には日本最古級の丸木舟も

さて、本題の縄文のタイムカプセルの件だが、それは、最奥の三方湖の南東方向、三方湖に流れ込む鰣川《はすがわ》とその支流・高瀬川の合流地点一帯に広がる「鳥浜《とりはま》遺跡（鳥浜貝塚とも）」のことである。

縄文時代の草創期から前期にかけて、年代的には一万二千年前~五千年前の約七千年間に縄文人が住んだ集落遺跡で、一九六〇年代、鰣川の改修工事をしていて川底の土中から偶然発見された。遺跡の規模は、東西約百メートル、南北約六十メートルの半月状という。

その後の発掘調査によって、土器や石器をはじめ、木製品や漆《うるし》製品、丸木舟、さらに動植物の遺体などが大量に出土した。なかでも、スギの大木を縦二つに割り、それをくり抜いて作ったと想像される丸木舟は当時、日本最古のものと判定された。

こうした遺物は、発掘を担当した考古学者も驚くほど、いずれも極めて良好な状態で見つかっている。これは、光や空気の当たらない冷たい川底の下に真空パック状態で埋まっていたため、腐敗が最小限度に抑えられたからだと考えられている。これこそ、鳥浜遺跡が縄文のタイムカプセルと呼ばれる所以《ゆえん》である。

▼一万二千六百年前の漆の木の枝も出土

遺跡からの出土品の中で、考古学者たちを最も興奮させた物がある。それは、縄文時代前期の泥炭《でいたん》層から見つかった漆塗りの木工品や土器のことだ。木工品ではベンガラ（赤色の無機顔料）を用いて漆塗りした飾り櫛《くし》などが、土器では食べ物を盛り付けたと思われる浅鉢《あさばち》などが出土している。

それらは黒赤二色の漆を重ね塗りするなど技法的には現代の漆工芸技術に通じるものであることがわかった。また、飾り櫛はのちに年代測定がなされ、今から約六千年前の物であることが判明したという。

同じ漆関連では、年代測定によって一万二千六百年前のものであると判定された漆の木の枝もこの鳥浜遺跡から発見されている。

英語で「ＪＡＰＡＮ」と呼ばれることもある漆工芸品は、言うまでもなく日本の代表的伝統工芸品の一つだ。もともと漆の木は日本には自生せず、奈良時代以前に中国から伝わり、今日まで栽培管理されてきたと思われていた。ところが一万二千六百年前にすでに日本に漆の木が存在したということはその定説が覆《くつがえ》ってしまうのだ。つまり縄文時代の草創期、すでに漆の木が大陸から伝わっていた、あるいはその頃、日本にも漆の木が自生していた、ということになるのである。

▼日本には元々漆が自生していた？

近年、約九千年前に作られたとされる漆器が副葬品《ふくそうひん》として北海道函館市で出土している。これは中国で最古とされる漆器を二千年も遡るものだった。

このように福井県や北海道で縄文時代の漆工芸品が見つかっていることを考慮すれば（ほかにも青森県や岩手県、石川県などでも縄文漆器は出土している）、元々日本の各地に漆の木が自生していて、縄文人たちは樹液を採《と》って精製し、それを使いこなす技術を持っていたのではないだろうか。

ところが、その後の環境変化で漆の木は自生することが難しくなり（漆を枯らす病害虫が蔓延《まんえん》したとの説もある）、日本における漆工芸の技術がいったん途絶えてしまった。それが、奈良時代以前に中国から移入された漆の木がその後本格的に栽培管理されるようになると、再び漆工芸の技術が花開いたのかもしれない。

さて、このあと三方五湖に眠る二つ目のタイムカプセルについて述べようと思ったが、それについては次項に譲りたい。

三方五湖（福井）で見つかった二つのタイムカプセル　その2

▼過去七万年分の地球環境を物語る

前項では、福井県南西部にある三方五湖の概略《あらまし》と、そこに眠る縄文のタイムカプセル――鳥浜遺跡について述べた。ここでは三方五湖に眠るもう一つのタイムカプセル――水月湖の年縞《ねんこう》について語ってみたい。

前述したように水月湖は海水と真水がほぼ半々の汽水湖で、五湖の中では最大の面積（四百十六ヘクタール）を誇る湖だ。三方湖の南東にある鳥浜遺跡が一万二千年前〜五千年前の間の縄文人の暮らしぶりを伝えるタイムカプセルだとしたら、水月湖の年縞は、それよりもはるか昔に遡《さかのぼ》る、過去七万年分もの地球環境の歴史を如実に物語るタイムカプセルだという。

一体、年縞とは何だろうか。なぜ、水月湖にだけそれが眠っていたのだろうか。ここでは、日本国内のみならず世界の自然科学者からも注目を浴びる水月湖の年縞の謎について解明していこう。

▼一年に一ミリに満たない層が積み重なって……

年縞とは、樹木の切断面に見られる同心円状の輪、すなわち年輪のようなものだ。水月湖の底にはプランクトンの死骸《しがい》や大陸からの黄砂《こうさ》、湖水から析出《せきしゅつ》した鉄分などが少しずつ降り積もってできた堆積物《たいせきぶつ》があり、その堆積物に刻まれた縞《しま》模様こそが年縞である。

この水月湖の水深三十五メートルの下に眠る年縞堆積物は、鳥浜遺跡の発掘調査がきっかけで平成三年（一九九一年）に発見された。水温が上がる春夏にはプランクトンが発生し、その死骸が湖底に降り積もる。水温が低くなる秋冬には粘土や黄砂、鉄分が積もる。この春夏と秋冬の組み合わせで一年を表わす。この一年・一枚の層は厚みにして平均〇・七ミリしかない。

その一ミリにも満たないごく薄い層が、気が遠くなるような時間をかけて整然と積み重なり、細かい縞模様を形成したのが、すなわち年縞なのだ。したがってこの縞を詳しく解析すれば、洪水や地震、火山の噴火があった年、さらに植物が飛ばした花粉の種類や量、各年の平均気温や降水量までも推定できるのだという。

こうした年縞が刻まれた堆積物の層は湖底の地下、約四十五メートルもの厚さに達し、そこにある年縞の数から、七万年間にわたって堆積したことがわかった。

▼水月湖だけが持つ特殊な条件とは

これほど長期にわたって形成された年縞を持つ湖は、国内はおろか海外にも例がないと言われている。隣接するその他の三方五湖にさえも同様の年縞が存在しないのは一体なぜだろうか。

その疑問に対する解答を見出すには、水月湖だけが持つ、ある特殊な条件を知る必要があるだろう。長期間にわたって年縞が形成された特殊な条件として、地形や周辺環境に由来する以下の四つが考えられている。

①湖に流れ込む大きな河川がない

湖に直接流れ込む大きな河川がないため、大雨が降っても大量の水や土砂が流れ込む心配がない。よって湖水がかき乱されず、微細なプランクトンの死骸や黄砂などが静かに堆積していきやすい。また、水深が深いことも湖底が影響を受けにくい要因の一つという。

②風の影響を受けにくい地形

三方五湖そのものが周囲に屏風を立てまわしたように山々に取り囲まれているため風の影響を受けにくく、結果的に湖水がかき混ぜられることがない。

▼水月湖の年縞が担う「もう一つの役割」

③湖底に生物が存在しない

湖水がかき混ぜられないため上下で水の循環が起こらず、湖底付近は酸素をほとんど含まない層になっている。酸素がないと魚など生物は棲《す》むことができず、堆積物がかき乱される心配もなくなる。

④水深が浅くならない

通常、土砂などが流れ込んだり堆積物が積もったりすれば、湖の水深は浅くなっていくが、水月湖の場合、周辺の断層の影響で少しずつ沈降し続けているため、ほぼ一定の水深を維持できている。

——こうした四つの条件が偶然重なったことで、水月湖の年縞は過去七万年にわたって連綿と歳月を積み重ねることができたわけである。

この年縞堆積物の内容を詳しく調べれば過去七万年分の地球の自然環境や自然災害に関する履歴が明らかになることはすでに述べたが、この水月湖の年縞には実はもう一つ、ある重要な「役割」があった。

つまり、世界中で出土する化石や遺物がいつの時代のものかを知るうえで、その経過した時間を正確に知ることができる「地球のものさし」としての役割だ。それは一体どういうことだろうか。

▼ユネスコ会議で世界標準と認められる

動植物由来の化石や遺物の年代を特定するために世界中で広く用いられているのが、「放射性炭素（炭素14）年代測定」と呼ばれる方法だ。これは動植物に含まれる炭素14という放射性物質の量が、死後少しずつ減っていくことに着目して考案された測定法で、その減り具合を見れば大体の年代がわかるという。

これまで、約五万年前までの化石や遺物であればこの測定法が有効とされていたが、一方で正確さに欠けるという難点があり、百年以上の誤差が出ることも珍しくなかった。そこで各国の研究者たちは年代ごとの炭素14の残存量を正確に知る必要に迫られた。

そうこうするうち、日本の三方五湖という湖に、過去七万年分の年縞堆積物が眠っているというニュースが世界中を駆け巡った。このニュースがきっかけで、その後、日本、イギリス、ドイツなどによる共同研究が行われることになった。

この研究によって、世界のどこで発掘された遺物でも放射性炭素の濃度を調べ、水月湖の年縞というものさしと照合すればその遺物の正確な年代決定が可能となったのである。こうして年縞の発見から約二十年後の二〇一三年、フランスのユネスコ本部で開催された「世界放射性炭素会議総会」において、水月湖の年縞は地質学的年代決定における世界標準であると認められたのだった。

自然の豊かな景勝地でしかなかった日本の小さな湖が、今まさに世界の考古学や地質学の歴史を塗り替えようとしているのである。

奈良時代の高僧・行基が岸和田（大阪）につくった巨大なため池の真実

▼奈良の大仏の建立も任される

日本仏教界の偉人《スーパースター》といえば誰？　と聞かれた場合、平安時代の僧侶で真言宗《しんごんしゅう》の開祖、弘法大師《こうぼうだいし》空海《くうかい》の名をあげる人は多いだろう。

「弘法にも筆の誤り」（優れた能筆家《のうひっか》でも失敗することがある）という諺《ことわざ》でも有名な空海は、宗教に限らず、文芸、美術、学問、技術、社会事業などの各方面で才能を発揮した万能の天才であった。

とりわけ、空海の名を全国的に高からしめたのが、土木技術者としての顔だった。

空海が当時最新の土木技術を駆使して発見したと言い伝えられている井戸や温泉が

全国各地に点在することはご存じのとおり。

実は空海のひと昔前に同じ仏教僧として活動し、空海同様、各地で土木事業や建築事業などを指導し、庶民から慕われた僧侶がいた。その名は行基《ぎょうき》。ときの天皇（聖武《しょうむ》）の依頼を受け、今日では「奈良の大仏さま」として親しまれている東大寺・盧舎那仏像造営《るしゃなぶつぞう》の実質的責任者を務めた人物でもある。

そんな行基が、大仏像造営に取り掛かる五年前に、干ばつに苦しむ農民の苦境を救うため、十四年もの歳月をかけて現在の大阪府岸和田市に巨大なため池（人工貯水池）「久米田池《くめだいけ》」を造成していたことをご存じだろうか。

本稿では、行基がこのため池を完成させるまでの経緯《いきさつ》や工事で用いられた当時最新の土木技術、さらに今日まで造成当時の姿をとどめることができたのはどんな理由によるものなのか。その謎についても迫ってみたい。

▼ため池の数では大阪府が全国で五番目

年間百種類以上の野鳥が飛来し、「野鳥の国際空港」としても親しまれている久米田池。周辺住民にとってはまさに憩《いこ》いのスポットだ。府南西部（泉南《せんなん》地域）に位置する岸和田市の池尻町と岡山町にまたがり、満水時の貯水量は約百五十七万トン。

農業用水を確保するために造成されたため池は日本全国にざっと十六万個以上あると言われ、その大半は降雨量が少なかったり稲作が発展していたりする西日本に集中している。数の多さでは兵庫県、広島県、香川県……の順で、大阪府は五番目にランクされている。

日本最大のため池は香川県まんのう町にある満濃池で、周囲約二十キロメートル、満水時面積百三十八・五ヘクタール。この満濃池ほどではないが、久米田池も周囲約二・六キロメートル、満水時面積四十五・六ヘクタール（東京ドーム約九・七個分）を誇り、府内では最大のため池である。

ちなみに、満濃池は大宝年間（七〇一～七〇四年）に造成されたが、およそ百年後に堤防が決壊し、周辺の村々に大被害をもたらしている。その改修工事を任されたのが誰あろう、空海であった。弘仁《こうにん》十二年（八二一年）のことである。

▼寺を出て布教と社会事業に邁進する

さて、久米田池に話を戻すが、久米田池の造成が始まったのは奈良時代の神亀《じんき》二年（七二五年）のことだという。当時、このあたりには大きな河川がなく、雨も少ないため耕作地は毎年のように水不足に悩まされていた。この窮状を打開しようと立ち上がったのが行基であった。

行基は天智《てんじ》天皇七年（六六八年）、和泉《いずみ》国大鳥郡蜂田郷（現在の堺市西区家原寺《えばらじ》町《ちょう》のあたり）で生まれた。父母はともに中国系の渡来人であったとされる。十五歳で出家し、以来仏道修行に明け暮れた。

やがて行基は、寺を出て民衆に仏教を説くようになる。同時に修行時代に学んだ土木や建築、治水、医療などの最新技術を惜しげもなく民衆に伝えた。記録によると行基は生涯で寺院四十九、布施屋《ふせや》（生活困窮者のための無料宿泊所）九、架橋《かきょう》六、ため池十五、溝と堀十一……などを畿内各所に整備したという。

そんな行基のまわりにはいつしか僧俗混合の行基を信奉する集団が形成されていった。すると朝廷側がそれを薄気味悪く感じたらしく、「庶民を惑《まど》わせるばかりか、寺の外での布教活動を禁じた『僧尼令《そうにりょう》』（仏教教団の僧尼統制の法典）にも違反している」と言い立て、行基の活動に対し規制や弾圧を強めたという。しかし、行基は一向にへこたれなかった。

▼行基に社会事業の大切さを教えた人物がいた

そのうち行基は、岸和田にある八木郷《やぎごう》一帯の耕作地が水不足に悩んでいることを知り、岸和田と縁のあった橘 諸兄《たちばなのもろえ》（のちの左大臣）を通じて、聖武天皇にため池造成の許可をもらおうと運動する。

当初は行基の存在を危険視していた聖武だったが、行基のこれまでの社会事業家としての実績を伝え聞き、さらに当時、開墾《かいこん》を奨励《しょうれい》する政策（「三世一身《さんぜいっしん》の法」を指す）を推し進めていたこともあって、行基の請願に許可を与えた。こうして久米田池の造成が始まったのである。

行基がなぜ布教活動の傍《かたわ》ら社会事業にも熱心に取り組んだかは謎だが、行基が生まれるわずか百年ほど前に大陸から伝来してきた仏教は、多くの日本人にとって「最先端の文化・科学の象徴」であった。それゆえ、そうした最先端の学問を修めた僧侶はそれを民衆に伝えることが使命であり、結果的にそのことが民衆の救済につながる、と信じたからであろう。

そんな行基に大きな影響を与えたと思われる僧侶の先輩がいた。道昭《どうしょう》（道紹や道照とも）という名の行基より四十ほども年上の僧だった。道昭は白雉《はくち》四年（六五三年）に遣唐使船《けんとうしせん》に乗って学問僧として入唐。長安で、あの三蔵法師玄奘《げんじょう》の弟子になったこともある人物だ。

▼木の葉を敷いて強度を高める

道昭は玄奘から特にかわいがられた。道昭のほうも、国の政情不安から心身ともに疲弊《ひへい》した民衆の心を救うために幾多の困難を乗り越えて天竺《てんじく》（インド）に入り、膨大な量の教典を唐に持ち帰った玄奘の行動力に大いに心酔していたという。

その道昭が日本に帰国すると、若い行基らに玄奘の素晴らしさを懇々《こんこん》と説き、そして自らは玄奘の下で学んだ最新科学を民衆に伝えるため各地を行脚《あんぎゃ》し、土木技術などを根付かせていったと言われている。身近にそんな大先達《だいせんだつ》（先輩、案内人の意）がいたからこそ行基もまた道昭と同じ道を辿《たど》ろうとしたに違いない。

そんな行基が久米田池の造成に着手したのは前述したように西暦七二五年。五十八歳のときだ。完成は七三八年なので工事は足掛け十四年続いたことになる。『久米田池郷の歴史』（久米田池土地改良区発行）には、「当時の開削《かいさく》工事は鍬《くわ》や鋤《すき》を用いた手掘りで、土砂も畚《もっこ》を担《かつ》いで運んだ。まさに難行《なんぎょう》、苦行《くぎょう》の連続」と記されている。こうした工事には一日平均千人の周辺住民が駆り出され汗を流したそうである。

久米田池の造成で特徴的なのは、第一に堤防造り。粘土と砂礫《されき》（砂と小石）を交互に突き固め、その間に木の葉を挟んで強度を高める「敷葉《しきは》工法」が採用されていた。同工法は東南アジアとの技術交流から伝わったという説と、中国から朝鮮半島を経由して伝わったという説があり、はっきりわかっていない。いずれにしろ当時としては最新の工法であることに変わりないようである。

▼子々孫々まで池を守ること

もう一つ、久米田池の歴史を語るうえで忘れてならないのが、池に隣接して布教と池の維持管理の両方の役割をになう寺院「久米田寺」を行基が創建したことである。この寺にいる池の見回り担当の僧が、常時池の周辺を監視し、何か不具合を発見するとすぐ村人に知らせて対処させるという管理体制がしっかり整っていた。

おそらく行基は「池が完成したらそれで終わりではない。自分たちの田畑を子々孫々まで伝えようと思うなら、この池をけっして粗略に扱ってはならない」とでも言って周辺住民を諭《さと》したに違いない。

　この久米田寺による維持管理体制は中世になると周辺の十四カ村で構成された地域共同体に移行するのだが、行基の久米田池に対する思いはそのまま受け継がれた。周辺住民たちがこの行基の教えを代々頑《かたく》なに守ったことで、池を通して結束力が生まれ、地元に対する愛着心も深まったに違いない。それゆえ、千三百年経った今日まで久米田池は造成当時の姿をとどめることができたのである。

4

離島、人工島、幻の島…「島」には日本史の秘密が隠れている

明治末期から約四十年間だけ存在した「中ノ鳥島」をめぐる謎とは？

▼地図上から煙のように消える

日本の領土として正式に国が認定し、学校で使われる地図教材にまで載っていたのに、ある日突然、日本の領土からも地図上からも煙のように消えてしまった小島が、かつて日本列島の東側の太平洋上にあった。

名を「中ノ鳥島《なかのとりしま》」という。似た名前の離島に、小笠原諸島に属し、日本最南端の島として知られる「沖ノ鳥島《おきのとりしま》」があるが、こちらはサンズイが無いほうの鳥島だ。

この中ノ鳥島、一九五〇年代に発行された地図にまで日本の領土として載っていたそうなので、年配の読者の中にはご記憶のある方がいるかもしれない。

正式には、明治四十一年（一九〇八年）七月二十二日、閣議《かくぎ》決定により、新発見されたこの島は中ノ鳥島と名付けられ、日本領に編入されている。のちにその決定が政府によって取り消されたのが、太平洋戦争が終結した直後の昭和二十一年（一九四六年）十一月二十二日のことだった。

その間、四十年近く中ノ鳥島は日本の領土だったことになる。しかし、民間の地図出版社はなかなか迅速に対応せず、一九五〇年代に入ってもまだ気づかずに中ノ鳥島入りの地図をそのまま出し続けていたようである。

それにしても、一時的とはいえ日本の領土で地図にも載っていたほどの島が、なぜ突然消えてしまったのか。大地震が発生し、島そのものが跡形もなく太平洋に飲み込まれてしまったのだろうか。それとも……。

▼島の表面にはリン鉱石が厚く堆積

明治四十一年五月、『読売新聞』や『東京日日新聞（のちの毎日新聞）』などを通じて、日本列島の南東海上に未発見の無人島が見つかったというニュースが全国を駆け巡った。記事によると、発見者は東京・小石川の山田禎三郎《やまだていざぶろう》（三十七歳＝当時）という人物で、彼がその島を発見したのは前年（明治四十年）八月のことだという。

山田は新聞発表の数日前に、小笠原諸島を管轄《かんかつ》する東京府の小笠原島庁に、島の地図を添えて発見の報告を行っていた。その報告書「小笠原島所属島嶼《とうしょ》（島々の意味）発見届」には大要、こう書かれていた。

「私は明治四十年八月、北緯三十度五分、東経百五十四度二分の位置で、一つの島を探検しました。周囲約六・六五キロメートル、面積約二・一三平方キロメートル。地表の八割はグアノ（リン鉱石）が厚く堆積《たいせき》していました。また、アホウドリが群棲《ぐんせい》していて、一見すると白色や黒色のアホウドリが数百万羽はいたでしょう」

グアノとはアホウドリなど主に海鳥の糞《ふん》が長期間堆積して化石になったもの。当時は質の良い化学肥料の原料として世界中で珍重された。このグアノの所有権をめぐって南米で国同士の戦争が起こったことさえあるほどだった。

さらに報告書の中で山田は、この付近には古くから「ガンジス島」と呼ばれる島があると言い伝えられてきたが、この島がそれではないかと述べていた。

▼羽毛は国の重要な輸出産業

山田は報告書の最後で、自分に対しアホウドリの羽毛採取やリン鉱石の採掘事業の許可を与えるよう求めていたという。おそらく、彼にとってはこの許可申請が最も肝心なことだったのだろう。

山田の報告書は小笠原島庁から東京府に回され、最終的に当時内務大臣の座にあった原敬《はらたかし》のもとに届けられる。のちに「平民宰相《さいしょう》」とあだ名されることになる人物だ。原は山田が発見した島に中ノ鳥島の名をつけ、日本の新たな領土とするように西園寺公望《さいおんじきんもち》首相に具申《ぐしん》した。

島の名前の中ノ鳥島だが、山田の報告書からアホウドリが多い島であることを知った原は、同様にアホウドリが群棲する伊豆鳥島や日本最東端の南鳥島に似た名前を安直に付けてしまったのだろう。こうして中ノ鳥島は明治四十一年七月、めでたくも日本領土への編入が決まった。

アホウドリは明治の中頃から昭和初期にかけて、日本人の手で乱獲されていたという歴史がある。むろん、羽毛を採取するためだ。当時の羽毛は国の重要な輸出産業であった。伊豆鳥島の例だけでも明治十九年（一八八六年）から同三十五年（一九〇二年）までの約十五年間で五百万～六百万羽が乱獲されたという。こうして捕獲された鳥から羽毛がむしり取られ、肉も無駄にせず肥料にするため油が搾《しぼ》られたりした。こうして一時は絶滅寸前にまで追い込まれてしまう。

▼許認可が下りても動かない山田

なにしろ、一人で一日に百～二百羽を棍棒《こんぼう》で撲殺《ぼくさつ》したというから凄まじい。アホウドリは人間をまったく怖れない性質なので捕まえるのは苦労いらずであった。こうして乱獲した大量の鳥を運搬するために、島内に軽便《けいべん》鉄道が敷設《ふせつ》されるほどだった。

しかし、明治三十五年八月の大噴火によって、羽毛採取の仕事に従事していた伊豆鳥島の全島民百二十五人が被災し亡くなってしまう――。

それはともかく、山田禎三郎が国に申請していた中ノ鳥島での羽毛採取やリン鉱石の採掘事業に関する許認可も下り、いよいよ山田がその事業に乗り出すものと誰もが思っていたのだが、彼は一向にその気配を見せなかった。人々が不思議に感じていると、領土編入から二年後、中ノ鳥島の存在に疑いを挟む新聞記事が出てしまう。

その後も新聞各紙は山田に対し追及の手を緩めず、山田の人物像を徐々に白日の下に晒《さら》していった。

もともと山田禎三郎は、学校の先生、地方新聞の記者を経て実業界に転身し、教科書出版社の経営で成功した人だった。ところが三十一歳のとき、「教科書疑獄事件」（教科書採用をめぐっての贈収賄《ぞうしゅうわい》事件）に関与したことが発覚。逮捕を免れるため一時的にイギリスに逃亡する。このあたりから人生の歯車が狂い始めたらしい。

▼探検の経験もないのになぜ？

イギリスから帰国した山田は一発逆転を狙ったものか、出身地の長野県から第七回衆議院議員選挙に打って出る。ところが、あえなく落選。その後、明治四十五年（一九一二年）の第十一回選挙で運よく最下位で当選するが、なぜか一年足らずで議員の職を辞している。議員をやめた理由はよくわかっていないが、やめてすぐ株券偽造の罪で投獄されていることを考慮すれば、なんとなく想像はつく。

山田が中ノ鳥島を発見し探検したと主張した明治四十年というのは、衆議院議員になりたくて選挙活動に勤《いそ》しんでいたころである。そんなさなかに、探検の経験のない素人が無人島を探検するという突拍子もない行動に出たことが納得できない、と新聞記者から追及されてしまう。さらに記者たちは、こうも切り込んだ。

「島を発見してから小笠原島庁に発見の報告を届け出るまで八カ月余りも要したのはなぜか。羽毛採取などの許認可が欲しいならすぐ届け出るはずだ」

「島でアホウドリ数百万羽を見たと報告したが、わずか二・一三平方キロメートルの小島でそれは無理がある。それに明治四十年ごろにはアホウドリはすでに激減しており、数百万羽とは信じ難い」

「そもそもアホウドリが島に産卵と子育てのために滞在するのは冬場の半年間と昔から決まっている。あなたは報告通り本当に八月に島でアホウドリを見たのか」

▼調査船による二度の探索でも見つからず

山田はこれらの記者の質問に対し何一つ合理的な回答を提示できずにいたが、そのうち観念したかのように、次のように告白した。

「中ノ鳥島を発見したのは自分ではない。実際には知人が発見したもので、自分は権利を買い取っただけ。その知人の素性は明かせない」というのである。あとは何を聞かれてものらりくらりと言い逃れるばかり。

そのうち大正二年（一九一三年）になり、中ノ鳥島にあるとされる豊富なリン鉱石の採掘を当て込んだ大阪の鉱山開発業者が調査船を仕立て、周辺海域をたっぷり一カ月間かけて探索した。しかし、結果的にそれらしい島影を見つけることはできず、すごすごと引き返している。

さらに、昭和二年（一九二七年）には海軍の測量艦「満州」が探索に乗り出したが、このときも何ら成果をあげられなかった。その三年後の昭和五年十月、山田禎三郎は真相を語り残さないまま五十九歳で亡くなった。

はたして山田は中ノ鳥島を発見したのだろうか。もしも本当に発見したのなら、自分の名誉にかかわる問題だけに、疑われた時点で再調査に乗り出したはずだ。しかし、それをせず、記者たちから厳しく追及されるとはじめて「知人から権利を買い取った」などと言い出したのは、その場しのぎの苦しい言い逃れと断じざるを得ない。

▼選挙資金の調達に困った末に……

山田自身は何も知らず、中ノ鳥島を発見したと称する知人の詐欺にかかっていたという見方もできるが、それなら自分への疑いを晴らすため、いの一番にその知人の存在をマスコミに公表すべきであって、世間の疑惑を一身に受けてまで詐欺師の知人をかばう義理はないはずだ。ところが、それをしていないのは山田の単独犯だったという証拠にほかならない。

これまでの状況証拠から推《お》して、山田が選挙資金の調達に困った末に、投資詐欺ないし権利転売を目的に、発見話をでっち上げたという見方がどうしてもできるのだが、読者の皆さんはどうお考えになるだろうか。

とにもかくにも、約四十年間、地図上にだけ存在した幻の島——中ノ鳥島は、利権に群がる男共の野心を道連れに日本の領土から永遠に消えたわけである。

太平洋戦争前、地図には存在しない島が瀬戸内海にあった理由

▼ウサギの愛らしいイメージとはほど遠く……

空前の猫ブームのなか、訪れた観光客をたくさんの野良猫がお迎えしてくれる、通称「猫島」が日本の沿岸にいくつも点在するが、瀬戸内海の広島県側に全国でも例がない、野生のウサギがお迎えしてくれる離島がある。

それは、名を「大久野島《おおくのしま》」といい、広島県竹原市に所属する周囲四・三キロメートルほどの小島だ。竹原市忠海《ただのうみ》から南方沖合約三キロメートルの距離にあり、かつては有人島だったが、現在では定住者はいない。

大久野島とウサギとのかかわりは一九七〇年代に始まり、地元の小学校で飼われ

ていたウサギ数羽が放され、野生化したのが始まり（異説あり）。その後、どんどん繁殖していき、二〇一〇年代に入って「野ウサギの島」としてSNSで紹介されると、内外を問わず一気に観光客を増やしていった。

現在では島に天敵がいないことからウサギは一千羽ほどにまで殖《ふ》えており、ウサギ目当ての内外からの観光客も年間三十万人を超えるという盛況ぶりだ。

そんな、愛らしいウサギのイメージからはほど遠い、もう一つ別の暗いイメージがこの島には付きまとっていることをご存じだろうか？

実は、太平洋戦争が終戦を迎えるまでの昭和初期、この島は日本の地図から消されていたのだ。つまり、公的《おおやけ》には「存在しない島」だったのである。一体どういう理由でそうなったのだろうか。

▼狭い島の中に最新鋭の大砲が二十二門据えられる

大久野島は中世、瀬戸内海を支配した海賊衆・村上水軍の一族が永く住んでいたと言われている。江戸時代には三次《みよし》藩（広島藩の支藩）の支配下にあり、ごく小さな集落が形成されていたという。

この瀬戸内海にあるありふれた小島が突然騒がしくなったのは、明治期の日清戦争直後のことだった。欧州列強の艦船が瀬戸内海に侵攻してくるのを防ぐため（実際はのちの日露戦争を想定したロシア艦隊対策と言われている）、帝国陸軍によってこの島に砲台（芸予要塞《げいよようさい》）が築かれることになったのだ。

日清戦争が終結して二年後の明治三十年（一八九七年）から建造が始まり、同三十五年に竣工《しゅんこう》。この工事によって島の北部・中部・南部の三カ所に全部で二十二門の大砲が据えられたという。しかしながら、せっかく最新鋭の大砲をそろえたのにもかかわらず、この砲台は一度も使われることがなく、大正十三年（一九二四年）に廃止となった。

日露戦争が終結し、ほっとしたのも束の間、昭和期を迎えると、またも軍部による島の接収が始まった。なんと今度は島に毒ガス工場をつくるというのである。こうして大久野島の黒歴史が幕を開けた。

▼何千万人分もの致死量に相当

結局、この大久野島では昭和四年（一九二九年）から、太平洋戦争終結の同二十年（一九四五年）までの十六年間で様々な種類の毒ガスが製造されている。むろん、毒ガスを戦争兵器として利用するためである。

製造していた毒ガスは主要なものだけでも、イペリット（びらん性ガス）や青酸ガス（窒息性ガス）など五種類あり、終戦までに全部で六千六百トンも製造されたことがわかっている。これは何千万人分もの致死量に相当するという。

島で製造された毒ガスは北九州へ移送され、そこで迫撃《はくげき》砲弾や航空機からの投下爆弾に装填《そうてん》されたのち、中国などの戦地に運ばれた。終戦後、六千六百トンのうち約半分の三千トン余りが島に残っていたが、進駐軍（ＧＨＱ）の命令で海に投棄されたり土に埋められたり、あるいは焼却されたりしてすべて処理されたという。

工場で製造作業に動員された民間人はのべ約六千七百人。そのうち約千百人が十三～十五歳の少年だった。彼らは事前に作業の内容や危険性について詳しい説明を受けることもなく、しかも十分な防護用具・設備も与えられないまま作業に従事した。そのため作業中に誤ってガスを吸ってしまう事故が多発。それが原因で亡くなったり、その後何十年も後遺症に苦しめられたりした人もいたという。

▼万一漏れても人的被害は軽微、と判断

大久野島で毒ガス製造が始まったころというのは第一次世界大戦（一九一八年終結）で毒ガス兵器が使われ、あまりにも非人道的だというので、各国間で使用を禁止しようという申し合わせができ始めていた。日本も対外的には使用禁止を表明していたのだが、裏ではこっそり毒ガス兵器の研究開発を続けていたのである。

そのための軍の研究施設「陸軍科学研究所」が、現在の東京都新宿区内にあった。大正時代の後期、その施設内に毒ガス工場を設けることが内々で決まり、準備を進めていた矢先、関東大震災（大正十二年＝一九二三年）に遭遇する。

もしも毒ガス工場が稼働していて、このような震災に見舞われた場合、周辺住民に及ぼす被害は甚大なものになることが予想された。そこで工場の新たな候補地を探すことになり、リストアップされた三十カ所以上の中から白羽の矢が立ったのが、この大久野島だった。

この小島なら、秘密が保持されやすく、万一毒ガスが漏れても人的被害は軽微、と踏んだのである。また、輸送の都合上、中国大陸に近い西日本であることも条件の内の一つだったという。毒ガス工場の設置が決まると、それまで島に住んでいた

七戸の住民は強制的に島を退去させられている。

▼戦争に三度も翻弄された島

この毒ガスが製造されていた期間、大久野島は日本地図から消され、存在しないことになっていた。これは軍部が諸外国に毒ガス製造のことを知られたくなかったからにほかならない。

太平洋戦争終結後、朝鮮戦争（一九五〇年〜）が始まるとこの大久野島は、今度は軍は軍でも米軍に五年間接収され、島内の建物が弾薬庫として利用されている。

つまり、この島は、日清戦争後の芸予要塞、太平洋戦争での毒ガス工場、朝鮮戦争での米軍の弾薬庫と三度も戦争に利用され、あまつさえ一時的にせよ地図から存在を消されたこともある、なんともかわいそうな島なのである。

もしも観光でこの島に渡る機会があったなら、平和の象徴のようなウサギと触れ合いを楽しむのもよいが、島内に残る砲台跡や毒ガスの貯蔵庫跡、さらに戦争の悲惨さを訴え、恒久平和を願う目的で建設された「毒ガス資料館」（一九八八年開館）などにもぜひ足を運んでもらいたいものである。

なぜその小島は、百年後には完全に水没してしまうといわれるのか

▼年々やせ細っていくのはなぜ？

地球温暖化の影響で海面水位の上昇が叫ばれて久しい。国連の近年の発表によると、このまま何も対策をとらなければ今世紀末には世界の海面水位は最大一・一メートルも高くなると予測されているという。

海面水位が上がる原因だが、大きく分けて二つある。

まず、陸地にある氷河《ひょうが》や氷床《ひょうしょう》が平均気温の上昇によって融解《ゆうかい》し、海水と混ざり合うことが一つ。南極やグリーンランドにある氷が融解するとその分が海水に加わり、水位の上昇を招いてしまうからだ。もう一つは、小学校の理科の授業でも学んだ熱

膨張。海水温が上昇することで海水の体積が増し、こちらも結果的に水位の上昇を招いてしまう。いずれも根本原因は地球温暖化にあることは言うまでもない。

そんな温暖化による海面水位の上昇とは関係なく、今現在も自ら崩れ続けていて、あと百年もすれば完全に海中に没してしまうと見られている小島が瀬戸内海にあることをご存じだろうか。

広島県東広島市に属する「ホボロ島《じま》」と呼ばれる無人島がそれだ。この島、江戸時代中期に行われた測量では、周囲が三百六十二メートルあったのに、その後徐々に小さくなり、今日では東西九十メートル程度の細長い形に変わってしまった。周辺の同じような小島は何の変化も起きていないのに、ホボロ島だけがやせ細ってしまったのである。一体、この島に何が起きたというのであろうか。

▼標高も明治三十年と比べ四分の一に

ホボロ島の名は、その昔、地元でホボロと呼ばれる竹かごをひっくり返したように見えたことから命名されたという。広島県中央部にある東広島市、広島名物の牡蠣《かき》の養殖筏《いかだ》がずらりと並ぶ三津湾《みつわん》の東側の入り口付近に浮かぶ小島だ。ちなみに、同湾内には一つの有人島（大芝島《おおしばじま》）と、六つの無人島（藍之島《あいのしま》、龍王島《りゅうおうじま》、小芝島《こしばじま》、鼻繰島《はなくりじま》、唐船島《とうせんじま》、ホボロ島）が存在している。七島の中ではホボロ島が最小だ。

ホボロ島がいつ頃から小さくなっていったのかははっきりしないが、前述したように江戸中期の享保《きょうほう》十年（一七二五年）の測量時では周囲三百六十二メートルの三角形に近い島だったのに、それから約百七十年後の明治三十年（一八九七年）に行われた測量では東西百二十メートルのスリムな島へと変貌《へんぼう》を遂げていた。

このころから一段と侵食が進み、二一世紀初頭の現在では前述したように満潮時ともなると東西九十メートル程度にまで小さくなってしまった。また、島内の最も高い個所は明治三十年時点で標高二十一メートルあったものが、今では四分の一の五メートルほどの高さしかないという。

土地の古老の記憶によると、昭和三十年代までのホボロ島は、大小二つの隆起が特徴的で、フタコブラクダの背中が海に浮かんでいるような見た目だった。今と違って草木もしっかり生えていたそうである。それがなぜ、現在のように見る影もなく侵食されてしまったのだろうか。実はその侵食の犯人の正体は意外なものだった。

▼小さな島全体で数千万匹も潜んでいた

ここまでの侵食を招いたのは「虫」だった。正式名称は「ナナツバコツブムシ」という。ダンゴムシやワラジムシと同じ仲間で、体長は一センチ前後。海中のプランクトンや魚介の死骸《しがい》を餌《えさ》とし、その頑丈な顎《あご》と歯を使って岩肌に穴をあけ、そこをすみかとする。この虫が、ホボロ島を侵食した張本人だったのである。

このことが判明したのはごく最近、平成十八年（二〇〇六年）のことで、当時、広島大学名誉教授（地質学）だった沖村雄二《おきむらゆうじ》さんの現地調査によって明らかとなった。沖村さんは島に上陸してすぐに、岩肌に深さ一センチほどの穴がびっしりとあけられていて、穴の一つ一つに黒っぽい虫が潜《ひそ》んでいるのを認め、その虫――ナナツバコツブムシによってこの島が侵食されたのだと確信を持ったという。

そのときの調査でサンプルとして持ち帰った十二センチ四方、厚み五センチほどの岩片だけでも八十四ものナナツバコツブムシが潜んでいたそうで、そのことから推《お》して「島全体で数千万匹はいるはず」とにらんだという。

しかし、不思議なのは、周辺の島は何ともないのに、このホボロ島だけがなぜナナツバコツブムシの被害を受けることになったのだろうか。それについてはホボロ島だけが持つ、ある特殊性が関係していた。

▼世界的にも珍しい「生物侵食」

ホボロ島を構成していたのは凝灰岩《ぎょうかいがん》、つまり火山から噴出された火山灰が地上や水中に堆積《たいせき》してできた岩石で、ほかの岩石に比べて軟弱で脆《もろ》いという特徴がある。そんな軟弱な岩肌に、ナナツバコツブムシは頑丈な顎と歯によって容易《たやす》く穴をあけ、すみかとしていたのだ。そして、その穴がどんどん増えていくことで波風の影響もあって岩肌が徐々に削り取られ、島全体がやせ細っていったというのが真相である。

ただ、ここ数十年で侵食に拍車がかかっているのは明らか。その要因としてナナツバコツブムシの大量発生が考えられるという。なぜ大量発生したのかはよくわかっていないものの、このところの地球温暖化で、彼ら虫たちにとってごくすみやすい環境になってきたからではないかとみられるという。

いずれにしろ、こうした「生物侵食」によって一つの島が消えかかっているという類例は、日本はおろか海外にも見当たらないようで、地球の未来を占う好材料になるものとして世界中の研究者から注目を浴びている。

明治から大正にかけて東京湾に建設された「海上要塞」の全貌

▼東京湾の行き来を妨げる存在

周囲を海に囲まれたわたしたち日本人の生活は海運によって支えられていると言ってよい。大量輸送が可能な船舶の利点を生かし、原油やガスなどのエネルギー原料、鉄鉱石や石炭などの工業原料、小麦や大豆などの食料を海外から日々輸入し、その一方で輸入したエネルギー原料や工業原料をもとに国内で製造した自動車や家電製品などを海外にどんどん輸出している。

そんなわが国における海運の要《かなめ》となっているのが、東京湾である。湾内には六つの大きな港（東京港、川崎港、横浜港、横須賀港、千葉港、木更津港）があり、この東京湾だけで全国貿易総額の三四パーセント、全国港湾取扱貨物量の一七パーセントを占めるほどである。当然、湾内を行き来する船舶も多く、東京湾の出入り口となる浦賀水道を行き来する船舶は一日平均五百二十隻にも達するという。

そんな東京湾の出入り口付近に、海堡（かいほう、かいほとも）と呼ばれる、人工島による海上要塞《ようさい》の遺跡が三つも存在することをご存じだろうか。

いずれも明治期から大正期にかけて建設されたものだ。建設理由は何となく想像がつくが、今となっては船舶の通航を邪魔する存在でしかないこれら東京湾の海堡の歴史について学んでみたいと思う。

▼九年の建設期間でのべ三十二万人を動員

幕末期の江戸幕府は、主に帝政ロシアによる侵略を想定して東京湾（当時は江戸湾）口の沿岸に多数の台場（砲台場の略）を築いていた。ところが、嘉永《かえい》六年（一八五三年）、アメリカ合衆国のペリー艦隊に江戸湾への侵入をゆるすと、とても現状の台場だけでは外国船を追い払うことはできないと痛感し、品川沖に人工の台場を六基建築する。これが日本初の近代的な海上要塞——海堡であった。

明治維新を迎え、山縣有朋《やまがたありとも》（陸軍軍人、政治家）が日本列島の要塞化を強く主張し、それが政府に認められると、さっそく首都・東京を守るため湾口部にあって東京湾内でも最狭部《さいきょうぶ》とされる、千葉の富津《ふっつ》岬と神奈川の走水《はしりみず》の間の海峡に海堡が三基、円弧状に配置されることになった。

まず、第一海堡が富津岬の沖合で、明治十四年（一八八一年）八月に着工した。水深五メートルほどの海中に巨石をドカドカと投入し、その上に波よけの堤防を築いた後、内部に砂を充填《じゅうてん》して固めるというやり方だった。完成は明治二十三年（一八九〇年）十二月。この工事でのべ三十二万人が動員され、埋め立て造成費だけで三十八万円（現代の貨幣価値で約三十五億円）を要している。

第一海堡が完成する前年、その西二・五キロメートルの地点に第二海堡が着工した。当時の大砲の有効射程（約三キロメートル）を考慮しての配置だった。

▼水深四十メートルの深さに人工島を築く

第二海堡の場合、水深は第一海堡の二倍の約十メートルあり、難工事だったが、のべ五十万人の工夫と二十五年の歳月、現代の貨幣価値で約五十億円の造成費をかけ、大正三年（一九一四年）六月に竣工《しゅんこう》している。

最後の第三海堡は第二海堡の南二・六キロメートル、走水海岸からも同程度の距離の海上に建設された。着工は明治二十五年（一八九二年）八月で、竣工は当初の予定を九年も超過した大正十年（一九二一年）三月。つまり、建設に二十九年もの歳月を要したことになる。

これは、水深が約四十メートルもあったことに加え、建設地のあたりは東京湾の中でもとりわけ波浪と潮流が激しかったことが原因。当時の軍事土木工事最大の難工事と言われた。台風にも悩まされ、何度も破壊と再建が繰り返されている。

約四十メートルといえば、標準的な集合住宅《マンション》の十二〜十三階に相当する高さだ。現代のような重機類もない時代によくぞ人工島を建設しようとしたものである。工事中にドイツ人の築城の専門家、レンネ少佐が視察に訪れているが、その際少佐は「世界中に類例がない無謀な工事」と正直な感想を残している。

当然、人工島の土台となる捨て石の量は水深によって大きく異なり、第一海堡の約七万三千立米《りゅうべい》に対し、第二海堡がその六・七倍の四十九万立米、第三海堡がその三十八倍の二百七十八万立米もの石を海中に投じたという。

▼関東大震災で大きな被害を

この第三海堡の総工事費は不明だが、明治四十年（一九〇七年）までの十五年間の工事費だけでも二百四十九万円（現代の貨幣価値で約百四十億円）もかかったことが記録されている。

とにもかくにも、こうして完成した三つの海堡は、満潮時で第一は二万三千平方メートル、第二は四万一千平方メートル、第三は二万六千平方メートルという大きさだった。東京ドームの面積が約四万七千平方メートルだから、第二がそれよりもひと回り小さく、第一と第三がその半分くらいだったことがわかる。いずれの海堡も当時最新式の大砲が据え付けられたことは言うまでもない。

当初の予定をはるかに超える巨額の費用がかかったものの、これで東京湾の防御は万全と当時の軍関係者を安堵《あんど》させたのも束《つか》の間、これら三つの海堡はやがて思わぬ悲劇に見舞われてしまう。

第三海堡が完成して二年後の大正十二年（一九二三年）九月一日、マグニチュード七・九と推定される未曽有《みぞう》の大地震（関東大震災）が帝都を襲った。東京湾の三つの海堡も被害を受け、しかもその被害は水深に比例するように第一よりも第二、第二よりも第三のほうがより深刻だった。

▼座礁事故や衝突事故の原因に

地震によって第三海堡は約五メートルも沈下し、施設の約三分の一が水没して機能を失った。そこで仕方なく、大砲が撤去され、軍事施設としては廃止・除籍されてしまう。修復を断念したのは、その費用がかかることに加え、当時、大砲の性能が急速に進歩し、陸上からの砲撃が可能になったことで、その位置に海堡を築く必要がなくなったからであった。また、第二海堡のほうも同様の理由で廃止・除籍されている。

のちに第三海堡は波浪によって崩壊が進行し、半ば暗礁《あんしょう》と化してしまう。この第三海堡の場合、船舶が頻繁《ひんぱん》に航行する浦賀水道航路に接していたことが災いし、その後、このあたりを航行する船舶が座礁《ざしょう》事故や他の船舶との衝突事故を何度も起こすようになる。昭和四十九年（一九七四年）～平成十二年（二〇〇〇年）の二十六年間だけでも第三海堡が原因と見られる海難事故は十一件も起こっていた。

そこで国土交通省は平成十二年から同十九年までの七年計画で第三海堡の撤去工事を実施。大型船舶の通航を邪魔しない水深二十三メートルを確保するようにした。こうして第三海堡は東京湾からその存在を完全に消し去ったのだった。

一方、第一海堡のその後だが、浅瀬にあったことで関東大震災の被害は比較的少なく、太平洋戦争まで日本軍が海堡として運用したが、戦争終結後、進駐軍（GHQ）によって要塞として無力化するため中央部が破壊されてしまった。現在は財務省が管理し、無断で立ち入ることはできない。

◇

関東大震災が原因で、第三海堡同様、軍事施設として廃止・除籍された第二海堡のその後だが、太平洋戦争後、海上保安庁によって灯台が設置され、さらに昭和五十二年（一九七七年）からは、タンカーや石油コンビナートなどで起こる海上災害を想定した日本唯一の防災訓練所として活用されるようになり、現在に至る。

また、第二海堡を管轄《かんかつ》する国土交通省は令和元年（二〇一九年）より、観光資源の開発を目的に、第二海堡の観光・上陸ツアーを認める決定をした。歴史に興味がある人はこの機会に参加してみてはいかがだろうか。

5 水の中に消えた歴史の真相を追え！

壇ノ浦に沈んだ三種の神器の「草薙剣」をめぐる奇跡の物語

▼自らの運命を悟って冥土へと旅立つ

高倉《たかくら》天皇を父、平清盛《たいらのきよもり》の娘の建礼門院徳子《けんれいもんいんとくこ》を母として誕生した八十一代安徳《あんとく》天皇。即位したときは数えでわずか三歳。壇ノ浦《だんのうら》でその幼い命を散らしたときは歴代天皇最年少の数え八歳（満六歳四カ月）であった。

『平家物語』によれば、二位尼時子《にいのあまときこ》（安徳の祖母で平清盛の妻）によって抱きかかえられたまま海中に身を投じる際、幼帝は二位尼にこう尋ねたという。

「われをどこへ連れて行こうとするのか」

すると二位尼が、

「極楽浄土という結構な場所にお連れ申すのです。波の下にも都がございます」と慰《なぐさ》めたところ、幼帝は瞑目《めいもく》して西方に向かって小さな手を合わせたという。幼いながらも自らの運命を悟って冥土《めいど》へと旅立つことを決意した安徳。まさに日本史上屈指の涙を誘う名場面である。

この壇ノ浦で栄華を極めた平家が滅亡した際、歴代天皇が連綿《れんめん》と受け継いできた三つの宝物《ほうもつ》――すなわち「三種《さんしゅ》の神器《じんぎ》」もまた海中に沈んだことはご存じのとおり。では、水没したはずの神器が二一世紀の今日まで天皇家で受け継がれているのはなぜだろう。合戦の後で壇ノ浦から何者かが引き揚げたのだろうか。

▼天皇陛下も実見はかなわず

そもそも三種の神器とはどんなものか、簡単におさらいしておこう。

神話の時代から天皇家に伝わっているとされる宝物のことで、瓊瓊杵尊《ににぎのみこと》が祖母である天照大神《あまてらすおおみかみ》の命を受けて日向国《ひゅうがのくに》（宮崎県）の高千穂峰《たかちほのみね》に天孫降臨《てんそんこうりん》した際、天照から授かったとされる三種類の宝物――八咫鏡《やたのかがみ》、天叢雲剣《あめのむらくものつるぎ》（草薙剣《くさなぎのつるぎ》とも）、八尺瓊勾玉《やさかにのまがたま》の総称である。

八咫鏡は天岩戸《あまのいわと》に隠れた天照を誘い出すために用いられたとされる鏡。草薙剣は須佐之男命《すさのおのみこと》が出雲国《いずも》（島根県）で八岐大蛇《やまたのおろち》を退治したときに大蛇の体から出てきたとされる剣で、のちに日本武尊《やまとたけるのみこと》が東征《とうせい》に携《たずさ》えたことでも有名。八尺瓊勾玉は天照が武装したときに身につけていたとされる勾玉。

今日、これら神器は、鏡が「伊勢神宮」（三重県伊勢市）、剣は「熱田神宮」（愛知県名古屋市）、勾玉は皇居（東京都千代田区）にそれぞれ安置されている。

神器を直接見ることは祭主として代々継承してきた天皇陛下ですらかなわないことで、皇位継承の際には、剣・鏡・玉それぞれの形代《かたしろ》（神霊が依《よ》り代とするもの、いわゆる複製品《レプリカ》）が用いられるほどである。

記録に残る限り、歴代の天皇の中で最初に三種の神器を即位の礼に用いたのは四十一代持統《じとう》天皇（在位六九〇～六九七年）だとされている。

▼宝剣だけが海底に沈む？

このように古来、正統な天皇の証《あかし》とされてきた三種の神器だが、平安時代末期となり、最大の悲劇に見舞われてしまう。それこそが源平の最終決戦、壇ノ浦の戦いだ。元暦《げんりゃく》二年／寿永《じゅえい》四年（一一八五年）三月二十四日、長門《ながと》国赤間関《あかまがせき》（山口県下関）の通称壇ノ浦で繰り広げられた戦いで、これによって栄華を誇った平氏は滅亡、三種の神器もこのとき安徳帝と共に海底に沈んだとされている。

『平家物語』や『吾妻鏡《あずまかがみ》』によると、神器が海に投じられたときの様子を大要、こう伝えている。まず、二位尼が宝剣と勾玉を身につけたうえで幼帝を抱えたまま入水《じゅすい》し、平氏方の女房の一人（平重衡《たいらのしげひら》の妻）が神鏡を携《たずさ》えて入水したという。その後、勾玉と神鏡は密閉された箱に入っていたため海面に浮かび上がり、波間を漂っていたところを源氏方に拾われたが、宝剣だけは海底に沈んでわからなくなったという。

平重衡の妻は海に身を投げる前に源氏方の武士に捕らえられたという異説もある。したがって神鏡が収まった箱に限っては海に落ちていなかったのだという。

神鏡が海に落ちたのか落ちていなかったのか、それについては判然としないが、いずれにしろ、三種のうち勾玉と神鏡は源氏方によって無事回収されていたことになる。『吾妻鏡』によると、翌月十一日になり、平氏追討軍《ついとうぐん》を指揮した源《みなもとの》義経《よしつね》から鎌倉にいる兄頼朝《よりとも》のもとに報告書が届いていた。そこには安徳帝が入水したことに加え、三種の神器のうち、宝剣のみ回収できなかったことが記されてあったという。

▼無茶な命令を下す兄、黙って従う弟

このとき、朝廷を陰から操るためにどうしても三種の神器を手に入れたかった頼朝は、義経と共に平氏追討軍を指揮した弟範頼《のりより》（義経にとっては九つ上の異母兄にあたる）に対し、「西国に残って何としても宝剣を探し出すこと。見つかるまで鎌倉に戻ってはならぬ」とまで厳命したという。

ところが範頼は、結局のところ宝剣を海底から探し出すことができず、その年の十月、兄頼朝からの叱責《しっせき》を覚悟のうえですごすごと鎌倉に帰還している。

しかしこれは範頼には何とも酷《こく》な命令だった。壇ノ浦がある関門《かんもん》海峡は比較的水深が浅いことで知られているが、それでも深いところは四十メートルをゆうに超える。しかも、同海峡は潮流の速さでは国内でも指折りだ。最大十ノット、時速約十九キロメートルにも達するという。

それゆえ、もしも源氏方の武士の中で、宝剣が水没した地点を沿岸の山々などを目印に記憶していた者がいたとしても、その後、宝剣が潮流によって遠方に運ばれてしまえば、もはやどうすることもできなかった。したがって、砂漠から一本の針を見つけ出すのに等しい難事だったことがおわかりいただけよう。範頼が海底から宝剣を見つけ出せなかったのは仕方がないことだったのだ。

▼厳島神社の神主が宝剣探索を請け負う

頼朝は弟範頼の宝剣探索が失敗に終わったため、今度はその役目を厳島《いつくしま》神社の神主であった佐伯景弘《さえきかげひろ》という人物に命じている。地元の海に詳しい佐伯なら、ひょっとして探し出せるかもしれないと期待したのだ。

これは鎌倉時代末期に成立した編年体の通史『百練抄《ひゃくれんしょう》（百錬抄とも）』に記録されていることだが、研究者によると、佐伯が自ら頼朝に売り込んだ可能性が高いという。なぜなら、厳島神社にとって平氏は最大の後援者《スポンサー》で、佐伯自身、清盛から平氏姓の名乗りを許されるほどかわいがられていた。

その最大の後援者が没落した今、新たに権力の座に駆け上がった源氏に鞍替《くらが》えを図ろうとして頼朝にすり寄ったというのが真相らしい。しかしながら、やはりと言うべきか、佐伯は地元の漁師を雇って二カ月間探索させたにもかかわらず、宝剣を発見することはかなわなかった。

この壇ノ浦合戦における宝剣の紛失事件を、逆に政争の駆け引きに利用した人物がいた。頼朝から「日本第一の大天狗《おおてんぐ》」のあだ名をつけられたことでも知られる後《ご》白河《しらかわ》法皇（七十七代天皇）である。

法皇はすでに孫の後鳥羽《ごとば》（八十二代天皇）を元暦元年（一一八四年）七月、神器なしで即位させていたが、宝剣紛失は鎌倉幕府（頼朝）の過失であると決めつけ、幕府への発言権を強めるための材料とした。

▼壇ノ浦に沈んだのは形代だった？

その後、後鳥羽上皇の時代になると、承元《じょうげん》四年（一二一〇年）、後鳥羽はかつて伊勢神宮から後白河に献上されていた剣を新たな宝剣と定めたのだった。

神器なしで即位した後鳥羽にはそれがのちに強い負い目となったようで、その負い目を払拭《ふっしょく》するため強権政治に突き進むわけだが、そのことがのちに朝廷VS武家の「承久《じょうきゅう》の乱」（一二二一年）の遠因になったとも言われている。

まさに、後鳥羽の宝剣に対する思いには並々ならぬものがあった。壇ノ浦の戦いから二十七年もたった――さらに言えば、後白河が所持していた剣を新たな宝剣と定めてから二年後の建暦《けんりゃく》二年（一二一二年）、検非違使《けびいし》（京都の治安維持と民政を所管した）の藤原秀能《ふじわらのひでよし》を西国に派遣して宝剣探索にあたらせている。やはり、あきらめきれなかったのだ。ここまでくると、もはや執念と言えよう。むろん、このときの探索でも宝剣が見つからなかったことは言うまでもない。

このように後鳥羽が喉から手が出るほどに欲した壇ノ浦で水没した宝剣――草薙剣だが、実は本物は日本武尊の時代から今日に至るまで熱田神宮に御神体としてずっと保管されており、壇ノ浦に沈んだのは十代崇神《すじん》天皇の時代につくられた形代だったという言い伝えがあることをご存じだろうか。

◇

この言い伝えが真実であるなら、当然、後鳥羽もそのことを知っていたはずである。それにもかかわらず、壇ノ浦に沈んだ形代を二十七年もたってから探させたのはなぜだろうか。たとえ形代であっても天皇の権威を象徴する神器を海底に放置しておくわけにはいかないと考えたのだろうか。

ヴェールに覆われた琵琶湖の「水没村伝承」を読み解く

▼かつて水運で栄えた港町

日本一大きな湖・琵琶湖には北から南まで、ざっと百カ所余りの湖底遺跡が眠っていることを、「粟津《あわづ》湖底遺跡」の項で述べた。同一地域にこれほど多くの湖底遺跡が集中しているのは世界でも稀《まれ》だという。

粟津湖底遺跡は琵琶湖の南湖（琵琶湖大橋から北側を「北湖」、南側を「南湖」と呼ぶ）にある遺跡だが、ここでは大部分を占める北湖に存在する「水没村伝承」について語ってみたい。北湖には、湖岸にありながら突然何らかの理由で湖底に沈んだと伝承されている村々がある。

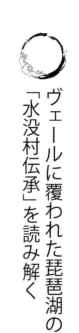

その中から本稿では、滋賀県立大学を中心とした研究チームによって比較的遺跡の調査が進んでいる尚江千軒《なおえせんげん》、下坂浜千軒《しもさかはま》、三ツ矢千軒《みつや》の三つを取り上げたいと思う。いずれも琵琶湖の水運で栄えたとされている港町だ。かつては繁栄していたものの、何らかの理由で没落した集落を指すときに用いられる「千軒」の表現が使われているという共通項を持つ。

以下では、この三遺跡の、湖底調査から見えてきたかつて繁栄を謳歌《おうか》していた頃の集落の様子や湖底に沈んだ原因について述べてみることにする。

▼水没する以前の村が描かれた地図

まず尚江千軒。滋賀県北東部のＪＲ米原駅から西進して筑摩神社《ちくまじんじゃ》がある湖岸に出て、その湖岸から百～三百メートル近く離れた沖の、水深三・六～四・三メートルの湖底に沈んでいる遺跡で、湖岸に沿って延びる約二キロメートルの縦長のエリアにその痕跡が散在している。

遺跡の北端付近には、琵琶湖に注ぐ一級河川・天野川《あまのがわ》の河口がある。昔、この河口のすぐ南側に大きな港（朝妻港《あさづま》）があり、さらにその南、筑摩神社に向かって湖岸沿いに尚江千軒が展開していたと見られている。

「千軒」と付くくらいだから、おそらくは朝妻港を生計の拠《よ》り所とする船頭や水夫《かこ》、漁師のほか、造船所で働く船大工や鍛冶《かじ》職人、船簞笥《ふなだんす》をつくる指物師《さしものし》、荷物を運搬する馬借《ばしゃく》などで賑わっていたはずである。

湖底調査は平成九年（一九九七年）から行われており、これまでにコの字形をした石垣の一部や七～八世紀の須恵器《すえき》（素焼きの土器）、人工的に穴が開けられたものを含む石材群などが発見されている。尚江千軒遺跡が特にユニークなのは、水没以前に製作された絵図に村の姿がしっかり描かれている点だ。

▼地質学に基づく調査で原因が判明

絵図が製作されたのは鎌倉後期の正応《しょうおう》四年（一二九一年）のことだ。現在伝わっているのはのちに模写されたものだが、筑摩神社が所蔵するその絵図には神社の本殿と湖岸に立つ大鳥居が長い馬場で結ばれ、その馬場を南北から挟むようにして西邑《にしむら》（北）と神立《かんだち》（南）という、現在は存在しない集落が描かれていた。

この二集落が、鎌倉末期の正中《しょうちゅう》二年（一三二五年）に発生したマグニチュード六・五と推定される大地震（「正中地震」）によって湖岸の大鳥居と共にそっくり地《じ》滑《すべ》りを起こして湖底に沈んだ。それが尚江千軒遺跡だという。

遺跡の本格的な調査が行われるまでは、湖面の上昇によって水没したという説もあったが、滋賀県立大が地質学の専門家を招き、湖底の音波探査や湖岸のボーリング調査を行った結果、水没を招いた原因は地震による湖岸の液状化で、それによって地滑りを起こした可能性が高いことが判明した。

また、このときの地質調査で、こうした液状化現象に伴う地滑りは正中地震の際だけでなく、それから約五百年後の江戸後期、文政二年（一八一九年）に発生した「文政近江地震」の際にも起こっていたことがわかった。

つまり、天野川の河口で繁栄を誇った尚江千軒は、鎌倉末期の正中地震によって大打撃を受け、わずかに残存した集落も江戸後期の文政近江地震によって跡形もなく壊滅し、完全に歴史の彼方へと消えたわけである。

▼天正大地震で湖底に消える

琵琶湖底にある遺跡の中で、尚江千軒遺跡のように地震が原因で水没したと見られている遺跡をあと二つ、簡単に紹介しておこう。

米原市の北方の長浜市下坂浜町には、湖岸から百九十メートルほど離れた沖合の水深約三メートルの湖底に、下坂浜千軒遺跡が眠っている。

遺跡の調査は滋賀県立大によって平成十八年（二〇〇六年）から行われており、これまでに人工的に固められたと思われる盛り土状の遺構やそこに打たれた数十本の杭《くい》などが見つかっている。

その杭を放射性炭素年代測定にかけたところ、一四六〇〜一六六〇年に伐採《ばっさい》された木（イヌガヤ）であることが判明した。この頃に近江国《おうみ》（滋賀県）が大きな被害を受けた地震に、関白・豊臣秀吉《とよとみひでよし》の時代に発生した「天正《てんしょう》大地震」（一五八六年）がある。秀吉が壮年期に築城した長浜城を全壊させた地震としても有名だ。下坂浜千軒遺跡はその地震による液状化で沈んだ集落の一部と考えられるという。

最後に三ツ矢千軒遺跡について。これは琵琶湖北西岸の高島市の沖合に所在する湖底遺跡だ。この高島という所はその昔、京都・奈良と北陸を結ぶ交通の要衝《ようしょう》として栄えており、そこの「大三ツ矢」と呼ばれた集落が地震で水没したという土地の言い伝えがある。

▼水没した時代に食い違いが

かつて大三ツ矢は、琵琶湖の水運で財を成した廻船《かいせん》問屋が軒を連ねていたらしく、その集落の大半、または一部が地震によって水没したと見られている。

こちらも滋賀県立大によって湖底の調査が行われているが、当初は遺跡で見つかった供養塔や石仏などから判断して江戸時代前期の寛文《かんぶん》二年（一六六二年）に起こった「寛文地震」による液状化の影響で沈んだものと思われていたが、のちに発掘された植物遺体や素焼きの土器を年代測定したところ、もっと昔――鎌倉幕府が成立したあたりに沈んだという見方もできることがわかったという。

このように大地震によって水没したという共通項を持つ琵琶湖岸の三つの千軒遺跡だが、最盛期の集落の様子や水没したときの状況、その正確な年代などに関して、まだまだ多くの謎を秘めていることをおわかりいただけたはず。こうした湖底遺跡の調査が進むことで琵琶湖の謎が少しずつ解明されていくことを、われわれ歴史ファンは長い目で見守りたいものである。

甲府の地を水害から守った「信玄堤」の本当のスゴさとは？

▼戦国武将の誰もが悩まされた治水対策

国土が狭いうえにその約七割が山岳地帯、しかも世界平均の約二倍の降水量という雨の多さも原因し、日本の河川には世界的に見ても急流が多いと言われている。

明治時代、日本に招かれたオランダ人の河川技術者が、富山県の常願寺川《じょうがんじがわ》（県北東部を流れ富山湾に注ぐ）の前に立ち、その水勢に驚き、「これはもはや滝だ」と思わずもらしたという逸話が地元に伝わっているほどである。

こうした急流はいったん暴れ出すと、氾濫《はんらん》や洪水、土砂崩れなどを招き、流域住民に多大な被害をもたらす。群雄が割拠《かっきょ》した戦国時代にあっても、この治水対策に頭を痛めなかった権力者はまずいなかった。豊臣秀吉《とよとみひでよし》、徳川家康《とくがわいえやす》、明智光秀《あけちみつひで》、加藤《かとう》清正《きよまさ》、伊達政宗《だてまさむね》、直江兼続《なおえかねつぐ》、佐々成政《さっさなりまさ》、筒井順慶《つついじゅんけい》……など枚挙にいとまがない。

まさに、「水を制する者は国を制す」であった。そんな戦国武将たちの中でも、とりわけ治水対策にエネルギーを割《さ》いたと思われるのが、甲斐《かい》の武田信玄《たけだしんげん》である。驚くのは、その信玄が構築した治水システム、通称「信玄堤《しんげんつつみ》」が二一世紀の今日までちゃんと機能し、流域住民を洪水の被害から守り続けていることだ。「水をもって水を制す」という、その独創性に富んだ治水システムの秘密に迫った。

▼いったん氾濫すると水害は盆地全域に及んだ

甲府一帯は山梨県中央部に位置する山間の盆地だ。いくつかの大きな川が縦横に入り乱れ、それらの川が作った複合扇状地によって構成されている。

盆地を通過する河川で代表的なのが、まず盆地西部を南流する釜無川《かまなしがわ》。水源は南アルプス・鋸岳《のこぎりだけ》の西面とされる。この釜無川は、東方向から流れてきた笛吹川《ふえふきがわ》と盆地の南端付近で合流し、そのまま一気に駿河湾を目指す。笛吹川と合流してから釜無川は富士川と名を変える。平氏の軍勢が水鳥の羽音に驚いて遁走《とんそう》したという逸話で知られる源平合戦「富士川の戦い」の、あの富士川である。

甲府盆地で釜無川と合流する川で、もうひとつ忘れてならないのが、御勅使川《みだいがわ》である。盆地西縁の巨摩《こま》山地にあるドノコヤ峠付近に源流をもつ名うての急流だ。西方向から盆地の北西部に流れ込んだのち、そこで南流する釜無川と合流する。この御勅使川は古来、頻繁に洪水を起こす川として怖れられており、大雨が降った増水時には釜無川を押し流し、その水害は盆地全域に及んだという。

武田信玄は、甲府盆地から水害の不安を取り除くには、本流の釜無川の流れを安定させることが肝心で、そのためにはこの御勅使川の水勢を弱めることが急務であると考えた。こうして二十年にも及ぶ洪水との永い戦いが始まった。

▼異なる二つの流れで勢いを相殺

武田信玄の治水対策事業は、天文《てんぶん》十一年（一五四二年）に始まった。このとき信玄二十二歳。前年に父信虎《のぶとら》を駿河《するが》国（静岡県）の今川義元《いまがわよしもと》のもとへ追放し、家督を相続したばかりだった。この年の八月、御勅使川と釜無川が氾濫し、甲府盆地は一面の河原と化すほどの大水害に見舞われていた。信玄はその惨状を目の当たりにし

▲信玄堤は、当時最新の治水技術だった

て、治水対策こそが領国経営の根幹であると考えたらしい。

まず着手したのが、洪水の主原因とされる御勅使川の流れを制御することだった。甲府盆地に流れ込むあたりの右岸に「石積出し」（通称・出し）と呼ばれる石積みを設け、増水時に流れが南下しないようにしたのち、釜無川との合流地点手前に「将棋頭《しょうぎがしら》」と呼ばれる、文字通り将棋の駒の形をした施設を川の中に二つ並べ、御勅使川の流れを四分割した。さらにその先に巨石を配置するようなことも行った。

これらはすべて釜無川に合流する際の勢いを減じ、その流れを釜無川左岸にある「高岩」に当てるための工夫だった。高岩は溶岩流が固まってできた頑丈な懸崖《けんがい》である。ここに当たって跳ね返った流れ（「高岩跳ね」と呼ばれる）を、御勅使川と釜無川が合流した流れにぶつけて勢いを相殺《そうさい》する狙いだ。これこそ「水をもって水を制す」信玄流治水システムの真骨頂だった。

▼洪水の一部を還流させる独創的アイディア

さらに、高岩のすぐ下流の釜無川両岸に、いわゆる信玄堤を設置した（一般的には、御勅使川と釜無川に施した治水工事を総称して信玄堤と呼ぶことが多い）。これは、高岩で勢いを減じたとはいえ、いざ洪水となればこのあたりの流れはまだまだ激しく、釜無川を乗り越えて盆地に流れ込む怖れが十分に考えられたからだ。

信玄堤は別名・霞堤《かすみてい》とも呼ばれる。川の流れに対して両岸に逆八の字形の堤を、それぞれ一部が重なるように何段にもわたって築いていくもので、川の水があふれた場合、堤の開口部から水が逆流して外側の遊水池にたまり、本流の水量を減じる働きをする。洪水が収まれば遊水池の水は自然に抜けて本流に合流する。二重堤防が連続するさまが、霞がたなびいているように見えるところから命名された。

今日、この霞堤の痕跡《こんせき》は一部しか残っていないが、築造当時は全長三百五十間（約六百四十メートル）もあったと見られている。

信玄はまた、「聖牛《せいぎゅう》」という名の、丸太で組み上げた現代の消波ブロックのような工作物をいくつも用意し、川の流れが激しい所に置いている。むろん、水の流れをやわらげるためだ。なにより驚くのは、この聖牛にしろ霞堤にしろ先述の将棋頭にしろ、どこにも前例がなく、信玄独自の発想《アイディア》だということだ。信玄という人はたんに戦《いくさ》に強いだけの武将でなかったことがよくわかる。

▼引き分けか少しだけ勝つことが肝心

信玄は、完成した信玄堤を後世に伝えていくため、堤防沿いに水防林のほか、灌漑《かんがい》水路や農地、道路を整備し、近郷近在から移住者を募《つの》った。その際、移住者には諸役や税を免除する代わりに堤防の維持・管理を命じたという。これにより信玄堤は修復を繰り返しながらその後数百年にわたって流域住民の生命と暮らしを守り続けることができたわけである。

この信玄堤から、信玄の治水における根本思想を推し量ってみると、信玄は人間の力で水を無理やりねじ伏せようとしていないことがよくわかる。流れが異なる水同士を衝突させて勢いを弱めたり、川に水があふれたらその一部を遊水池に流れ込むように仕向けたりと、水で水を制したことが、その典型だ。

これは、信玄の合戦における戦い方と相通じるものがある。信玄は常々、「戦は勝つより負けないことが大切」と周囲に語っていた。勝ちすぎると驕《おご》りが出て、いつか手痛いしっぺ返しを食らう。ゆえに、一番良いのは「引き分け」か「少しだけ勝つ」ことだというのが信玄の持論だった。治水対策においてもどうやらその持論で臨《のぞ》んだことは間違いなさそうである。

釜無川《かまなしがわ》と御勅使川《みだいがわ》の合流地点

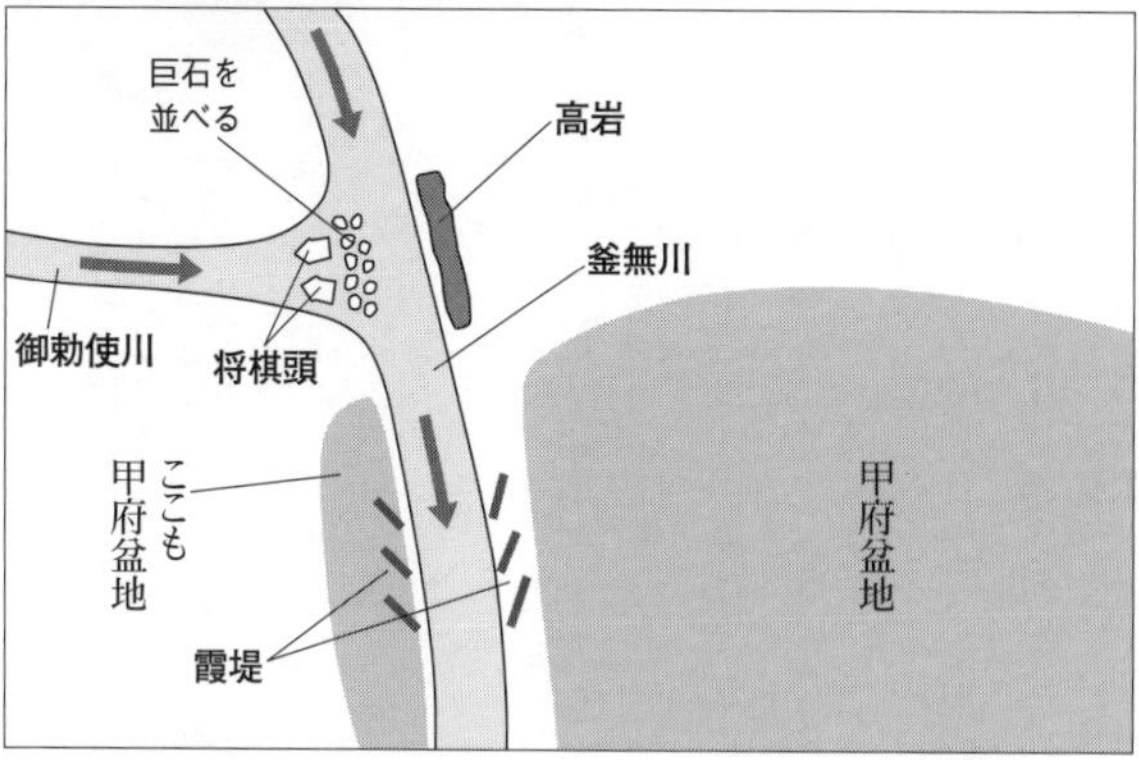

名うての暴れ川であった御勅使川と釜無川が合流する地点に、将棋頭《しょうぎがしら》と呼ばれる御勅使川の流れを分割する施設を設け、さらのその先に巨石を配置。こうして勢いを弱めた御勅使川の流れを、釜無川左岸の高岩にぶつけた。

霞堤《かすみてい》の制御システム

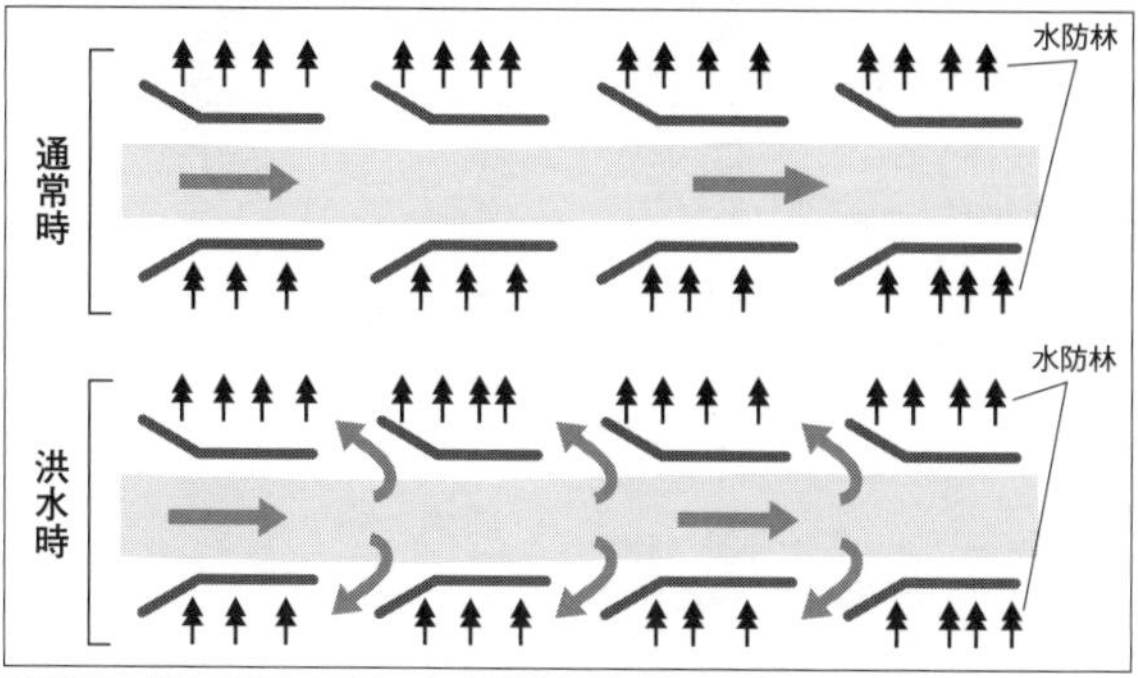

釜無川の流れがあふれると、水が両岸を乗り越え、堤防のすき間から水防林のある遊水池に流れ込み、釜無川の流れが弱まれば遊水池にたまった水が本流に戻る仕組み。

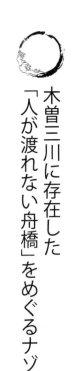

木曽三川に存在した「人が渡れない舟橋」をめぐるナゾ

▼越すに越されぬのはなぜ大井川だけ?

江戸時代、東海道を旅する人々にとって最大の障害は川越えだった。幕府が軍事上の理由から主要河川の架橋《かきょう》を禁止したため、旅人は渡し舟を利用するか、「川越人足」と呼ばれる男たちに頼んで肩車や輦台《れんだい》（梯子《はしご》状の乗り物）で渡河《とか》するしか方法がなかった。

ところで富士川や大井川、天竜川など東海道にいくつかある大河の中でも、なぜ大井川だけが「越すに越されぬ」と言われるようになったか、ご存じだろうか。

実は、富士川や天竜川などは舟で渡れるのに対し、大井川の場合、肩車か輦台での渡しに限られていたからだ。それゆえ混雑時にはどうしても時間がかかってしまった。また、渡し場付近が急流のうえに川幅が広く、一度雨で増水すると水がなかなか引かないことも困った問題だった。

なぜ大井川の渡船《とせん》を幕府が禁じていたかと言えば、最盛期には千人以上いたとされる川越人足たちの生活――既得権益《きとくけんえき》を奪わないためだったと言われている。

東海道の旅を困難にしていた川越えでもうひとつ、木曽三川《さんせん》の存在を忘れてはならない。すなわち、濃尾《のうび》平野を南流して伊勢湾に流れ込む木曽川、長良川、揖斐川《いびがわ》の三本の川のことだ。この三川には江戸時代、臨時で「人が渡れない橋」が架《か》かることがあった。それは一体どんな橋で、何の目的で架けられたものであろうか。

▼東海道の宮宿から桑名宿へは海路を利用

川はその大小にかかわらず、流域に暮らす人々に様々な恵みをもたらす。木曽三川の場合も、岐阜（美濃《みの》）と愛知（尾張《おわり》）両県にまたがる広大な濃尾平野を流れ、同平野を、日本を代表する一大穀倉地帯に育て上げる源《みなもと》となった。

長野県西部の鉢盛山《はちもりやま》を水源とする木曽川（旧名・起川《おこしがわ》）、岐阜県北西部の大日ケ《だいにちが》岳《たけ》から流れる長良川（同・墨俣川《すのまたがわ》）、同じく岐阜県の西部にある冠山《かんむりやま》から発する揖斐川（同・佐渡川《さどがわ》）。かつてこの三川は、下流部で合流・分流を繰り返し、濃尾平野に網の目のように広がっていた。洪水も多く、流路はそのつど変わった。それゆえ安易に橋を架けることができなかったのだ。

江戸時代、五十三次として宿場が整備されたあとでも、四十一番目の「宮宿《みやしゅく》」（名古屋市熱田区）から次の四十二番目の「桑名宿《くわなしゅく》」に向かうときは、陸路ではなく海路を選択するのが一般的だった。そのほうがいくつもの川を舟で渡らなくてはならない陸路より舟賃も時間も節約できたからである。

幕府は、木曽三川の洪水被害を防ぐため、宝暦《ほうれき》三年（一七五三年）、薩摩藩《さつまはん》に三川の治水工事を命じている。ところが、いったん着工してみれば大変な難工事だとわかり、工事費も当初の予定の三倍近くもかかってしまった。このときの薩摩藩が味わった悲惨極まりない話（「宝暦治水事件」）については、別の機会に譲りたい。

▼舳先を川上に向けた舟を川幅一杯に並べる

さて、江戸時代、木曽三川に架けられた「人が渡れない橋」についてだが、それは徳川将軍家が上洛するときのためにだけ架けられた橋のことで、一般庶民は使えない橋だった。正式には「御用舟橋《ごようふなばし》」と呼ばれた。

架けられたのは、尾張の宮宿から美濃の垂井宿《たるいしゅく》を結び、東海道と中山道をつなぐ役割を担う美濃路の途中だ。この美濃路にある起宿《おこしじゅく》（愛知県一宮市）と大垣宿《おおがきしゅく》（岐阜県大垣市）との間には当時、木曽三川をはじめ、長良川の支流の小熊川《おぐまがわ》（境川《さかいがわ》）を加えた四本の大河が横たわっており、旅人たちはそのつど渡し舟を利用した。

将軍家が通る際、この四河川に臨時の舟橋（浮橋《うきはし》のこと）を架けて通行をスムーズにしたのが、御用舟橋である。一般的な舟橋の構造だが、舳先《へさき》を川上に向けた小舟を川幅一杯にずらりと並べ、その舟を一艘《そう》ずつ川底に錨《いかり》で留める。さらに川に渡した二条の鉄鎖《くさり》でも舟の前後を繋留《けいりゅう》して揺れを抑えた後、舟の上に横板を敷き並べて橋を造り、最後に橋の両端をそれぞれの川岸でしっかり固定すれば完成だ。

四河川の御用舟橋のうち、日本史上最長の舟橋と言われているのが、木曽川に架けられた「起《おこし》の舟橋」である。全長は四百七十五間三尺（約八百六十五メートル）、横幅九尺（約二・七メートル）もあった。この舟橋を造るために大船四十四艘、小舟二百三十艘が用意され、舟の上に敷く板は三千三十六枚にも上った。

▼吉宗、生母を江戸に呼ぶ際、舟橋を架けさせる

こうした舟橋を架けるために徴発《ちょうはつ》されたのが川沿いの村人たちで、手間賃も少なく、ただ働き同然だったらしい。それどころか、建設に必要な鎖や縄、橋板、道具類は自前で用意したと見られており、迷惑この上なかったに違いない。

この御用舟橋、徳川将軍家が上洛するために架けられたと先に述べたが、歴代十五人の将軍のうち確かに渡ったと記録に残されているのは、初期の家康《いえやす》、秀忠《ひでただ》、家光《いえみつ》の三人と、幕末の十四代家茂《いえもち》を加えた四人だけらしい。家茂とは、あの皇女和宮《かずのみや》の夫君である。家茂は長州征伐《せいばつ》などで都合三度上洛《じょうらく》しているが、最初の上洛の際、この御用舟橋を渡ったという。

これは将軍家自身ではないが、八代吉宗《よしむね》は享保《きょうほう》三年（一七一八年）、故郷の紀州から生母浄円院《じょうえんいん》を江戸に呼び寄せる際、美濃路四河川のうち、長良川と木曽川に生母一行五百人が渡るための舟橋を架けさせたと記録されている。

実は、御用舟橋を渡っていたのはこうした将軍家とその関係者だけではなかった。この江戸時代、朝鮮の外交使節団が将軍家に謁見《えっけん》するため定期的に来日していたの

だが、彼らは決まって瀬戸内海を経て大坂で上陸し、垂井宿から美濃路を通り、宮宿で東海道に入るというルートをたどった。このとき御用舟橋を渡るのが常だった。

▼突風が吹いても微動だにせず

朝鮮の使節団が最後に美濃路を通過したのは十代将軍家治《いえはる》の治世下、宝暦十四年（一七六四年）のときで、これが都合十二回目だった。使節団はこの木曽川に架けられた「起の舟橋」を渡った際の感想を、

「東海道一の壮観。これに要した費用を尋ねると、川を掘り舟を並べる工事などで数千余金を費やしたという。この舟橋を見れば、それが虚言でないことがわかる。また、その堅牢《けんろう》さは特筆すべきもので、大勢で列を成して通っても突風が吹いても舟橋は微動だにしなかった」と驚きをもって伝えていた。

このように、日本国の統治者たる将軍家が通るときにしか架けない橋が架けられたということは、それだけ江戸幕府が朝鮮との外交関係を重要視していた証《あかし》にもなるだろう。美濃路の御用舟橋は、朝鮮と日本をつなぐ友好の懸橋《かけはし》にもなっていたわけである。

〝越後毒消しの里〟「角海浜」（新潟）は、なぜ海に消えたのか

▼北前船の寄港地としても賑わう

かつて「越中《えっちゅう》富山の売薬《ばいやく》さん」と呼ばれ、大きな柳行李《やなぎごうり》を背負って全国各地の家々を回り、医薬品の販売を行っていた富山県出身の行商人集団があった。

この越中富山の隣県、新潟県にも「越後《えちご》の毒消《どくけし》売り」と呼ばれた薬の行商人集団がかつて存在した。地元で製造された「毒消丸《どくけしがん》」と呼ばれる胃痛や食中毒に効果をうたった薬を関東一円などで行商したが、こちらは売り歩くのは全員女性だった。

彼女たちの拠点となった、いわゆる「越後毒消の里」と呼ばれたのが、新潟市西蒲区《にしかんく》巻《まき》地区の日本海に面した角海浜《かくみはま》と呼ばれた集落である。このあたりは新潟市

が政令指定都市に移行するまでは新潟県西蒲原郡《にしかんばらぐん》巻町と呼ばれていた。昭和四十九年（一九七四年）七月、最後の住人がここを去り、集落は完全に廃村となった。

江戸時代前期、角海浜には二百五十戸ほどの家屋があり、寺も五つあった。さらに北前船の寄港地としても賑わったそうである。ところが年々住民は減少化の一途をたどり、明治の半《なか》ばになると半分以下の百戸程度にまで減ってしまった。明治に入って、毒消売りの行商でその減少化に歯止めがかかったが、それも一時的だった。一体、この越後毒消の里で何が起こったというのであろうか。

▼毒消丸の製造・販売は幕末から本格化

まず、角海浜集落の歴史について簡単に述べておこう。

成り立ちは正確にわかっていないが、一説に、一一世紀後半（平安時代後期）に何らかの理由で能登国《のと》（石川県）を出た、漁業を生業《なりわい》とする一族が移り住んでつくった村だという。

江戸期には長岡藩領となり、漁業や海水を利用しての製塩、さらに北前船の寄港地として栄えた。前は日本海、後ろは角田山《かくだやま》の崖が迫るという狭隘《きょうあい》な土地に集落があっただけに、耕作地としては適さなかった。

角海浜で毒消丸の製造・販売が本格化したのは幕末になってからだった。もともと毒消丸は角海浜にあった称名寺《しょうみょうじ》という寺が在家《ざいけ》に授《さず》けていた評判のよい家伝薬だったが（当時の寺には布教の一環でこうした家伝薬がきっとあった）、この寺が多額の借財を負ったことから、借金のかたに檀家《だんか》の有力者の滝深庄左衛門《たきふかしょうざえもん》という者に製造・販売権を譲渡《じょうと》した。弘化《こうか》三年（一八四六年）のことである。

▼「毒消しゃいらんかね」と売り歩く

当時は、村の女衆が丸薬を製造し、それを大工仕事などで他国へ出稼ぎに出る男衆が途中途中で売り歩くという方式だった。毒消丸の材料だが、菊目石《きくめいし》（珊瑚《さんご》の一種）、硫黄《いおう》、白扁豆《はくへんず》（マメ科）、甘草《かんぞう》（同）、天花粉《てんかふん》（ウリ科）などの生薬であった。京都で売られていた薬がルーツと言われるが、関連は不明。

やがて明治維新を迎え、国境に設けられていた関所が撤廃《てっぱい》されて女たちも自由に出歩けるようになると、行商は女たちの仕事になった。このころには角海浜は北前船の寄港地として利用されなくなっており、耕作が期待できない土地柄、手っ取り早く現金収入が得られる手段として毒消売りにかけたのだった。

売り子たちは紺絣《こんがすり》の筒袖《つつそで》に前垂《まえだ》れ、菅笠《すげがさ》、手甲《てっこう》・脚絆《きゃはん》、さらに薬が入った紺の風呂敷包みを担いで「毒消しゃいらんかね」と売り歩くのが、お決まりだった。彼女たちは毎年五月～十月末までの半年間行商に出て、冬場は丸薬製造に明け暮れた。

この越後の毒消売りは昭和初期まで続いた。最盛期の大正時代には角海浜とその周辺の村々も合わせて二千人を超える売り子がいた。彼女たちはまさに一家の大黒柱で、その稼ぎで立派な家を新築する売り子も珍しくなかったという。

▼海岸線がどんどん後退する

ところが、太平洋戦争終結後、薬事法が改正されて医薬品の訪問販売が禁止となり、配置薬しか認められなくなると、毒消売りは急速に衰退してしまう。このことがきっかけとなり、角海浜の住民の離村が一気に進むことになった。毒消売りがダメになっただけでなぜ離村につながったのかと言えば、それは集落全体が「海岸浸《しん》食《しょく》現象」によって住むところを奪われつつあったからだった。

この角海浜周辺の海岸は昔から、波欠け（土地の表現で「マクリダシ」）と呼ばれる自然現象が起こることで知られていた。

それは、普段は何の変哲もない緩斜面《かんしゃめん》である海岸線近くの海底に何らかの理由で〝瀬〟や〝窪《くぼ》み〟が生じ、その地形の変化によってできる磯波《いそなみ》と、海水を沖へと押し出す循環流《じゅんかんりゅう》とが海岸の土砂をごっそり奪い取っていく浸食現象で、この地域ではそうした現象が、江戸の前期から数十年に一回の周期で確認されていた。

なぜ、この角海浜周辺の海岸にだけ見られる自然現象なのか、今もその詳しいメカニズムはわかっていない。一説に、江戸前期から昭和初期までのおよそ三百年間でこの地域の海岸線は五百～六百メートルも後退したと言われている。

▼浸食現象に拍車がかかった要因とは？

角海浜は前を海、周囲を角田山山系に囲まれた「陸の孤島」だったためか、集落の歴史については史料が少なく、よくわからないことのほうが多い。しかしながら、海岸浸食現象が確かにあったという証拠の一つとしてよく取り上げられる話に、「ヒカリ集落」に関する地元の言い伝えがある。ヒカリ集落とはかつて海岸線にあったとされる角海浜の一集落で、江戸時代の地図にも記載されているほどだった。

ところが明治に入ると集落がそっくり地図から消えてしまったのだ。

昭和二十七年（一九五二年）に、かつてヒカリ集落が存在したとされる場所を調査した人がいた。それは沖合の水深二〜三メートルの海底だったが、石造りの古井戸跡が見つかり、間違いなくこのあたりに集落があったことをうかがわせたという。

角海浜の人たちはこうした波欠けが起こると、そのつど家屋を山側へ移転して波の被害から家屋を守ってきたのだが、しかしそれも限界がある。前述したように、背後には角田山の崖が迫るという狭隘な土地だったからだ。

◇

毒消売りによって生活は潤ったが、その一方で浸食現象によって住む場所をどんどん奪われていった角海浜の人たち。そのうち薬事法の改正で行商ができなくなり、さらに決定的だったのは原子力発電所の建設計画だった。

一九六〇年代に入るとこのあたりに原発の建設計画が持ち上がり、わずかに残った住民たちは追い立てられるように離村を余儀なくされたのであった。こうして昔は陸の孤島、近代では毒消の里として全国的に知られた角海浜は廃村となった。なお、原発建設計画は現在、地元の反対によって棚上げ状態が続いている。

■主な参考資料（順不同）

『日本書紀 全現代語訳 上・下』（宇治谷孟訳／講談社）、『三種の神器 天皇の起源を求めて』（戸矢学著／河出文庫）、『三種の神器 謎めく天皇家の秘宝』（稲田智宏著／学研新書）、『機関誌・水の文化32号 武田信玄の総合的治水術 扇状地における流水コントロールシステム』（和田一範著／ミツカン水の文化センター）、『奇跡の湖 水月湖 年縞』（福井県）、『シリーズ「遺跡を学ぶ」113 縄文のタイムカプセル 鳥浜貝塚』（田中祐二著／新泉社）、『紀要第1号 琵琶湖湖底遺跡の調査の現状』（濱修著）、『紀要第5号 粟津湖底遺跡の地形環境』（伊庭功著／以上滋賀県文化財保護協会）、『海にしずんだ島 幻の瓜生島伝説』（加藤知弘著／福音館書店）、『松浦市文化財調査報告書第4集 松浦市鷹島海底遺跡総集編』（長崎県松浦市教育委員会）、『坂本龍馬 いろは丸事件の謎を解く』（森本繁著／新人物往来社）、『坂本龍馬といろは丸事件 交渉過程の復元と分析』（佐々木智帆著＝鍛治宏介ゼミ）、『大久野島の歴史 三度も戦争に利用され地図から消された島 毒ガス被害・加害の歴史』（山内正之著／大久野島から平和と環境を考える会）、『検証ノルマントン号事件』（宮永孝著／法政大学社会学部学会）、『トルコ軍艦エルトゥールル号の遭難事件を通してみた19世紀のオスマン帝国』（稲生淳著／和歌山県教育研修センター研究紀要2004―5）、『海の翼 エルトゥールル号の奇蹟』（秋月達郎著／PHP文芸文庫）、『年次別野尻湖発掘の歩み』（野尻湖ナウマンゾウ博物館）、『戦艦大和ノ最期』（吉田満著／講談社文芸文庫）、『戦艦武蔵』（吉村昭著／新潮文庫）、『中ノ鳥島とは？実在しない島を日本領に編入。海図から削除されて75年』（安藤健二著／ハフポスト日本版）、『論文・東京湾海堡の建設について』（国土交通省・野口孝俊著）、『虫に食べられ、あと100年で消滅…広島・ホボロ島』（読売新聞／2007年11月27日）、『びわこの考湖学24』（産経新聞連載／2008年7月6日）、『越後 毒消し売りの女たち 角海浜 消えた美人村を追う旅』（桑野淳一著／彩流社）、『日本全史』（講談社）ほか

青春文庫

「水中遺跡《すいちゅういせき》」消《き》えた日本史《にほんし》を追《お》え！

2022年 8月20日　第1刷

編　者　「遺《のこ》された歴史《れきし》」取材班《しゅざいはん》

発行者　小澤源太郎

責任編集　株式会社プライム涌光

発行所　株式会社青春出版社

〒162-0056　東京都新宿区若松町 12-1
電話 03-3203-2850（編集部）
03-3207-1916（営業部）
振替番号　00190-7-98602

印刷／大日本印刷
製本／ナショナル製本

ISBN 978-4-413-29809-4